MEDITACIÓN

Atención plena para que los principiantes eliminen el estrés

(Descubre el poder de la meditación)

Enio Bravo

Publicado Por Daniel Heath

© **Enio Bravo**

Todos los derechos reservados

Meditación: Atención plena para que los principiantes eliminen el estrés (Descubre el poder de la meditación)

ISBN 978-1-989853-80-1

Este documento está orientado a proporcionar información exacta y confiable con respecto al tema y asunto que trata. La publicación se vende con la idea de que el editor no esté obligado a prestar contabilidad, permitida oficialmente, u otros servicios cualificados. Si se necesita asesoramiento, legal o profesional, debería solicitar a una persona con experiencia en la profesión.

Desde una Declaración de Principios aceptada y aprobada tanto por un comité de la American Bar Association (el Colegio de Abogados de Estados Unidos) como por un comité de editores y asociaciones.

No se permite la reproducción, duplicado o transmisión de cualquier parte de este documento en cualquier medio electrónico o formato impreso. Se prohíbe de forma estricta la grabación de esta publicación así como tampoco se permite cualquier almacenamiento de este documento sin permiso escrito del editor. Todos los derechos reservados.

Se establece que la información que contiene este documento es veraz y coherente, ya que cualquier responsabilidad, en términos de falta de atención o de otro tipo, por el uso o abuso de cualquier política, proceso o dirección contenida en este documento será responsabilidad exclusiva y absoluta del lector receptor. Bajo ninguna circunstancia se hará responsable o culpable de forma legal al editor por cualquier reparación, daños o pérdida monetaria debido a la información aquí contenida, ya sea de forma directa o indirectamente.

Los respectivos autores son propietarios de todos los derechos de autor que no están en posesión del editor.

La información aquí contenida se ofrece únicamente con fines informativos y, como tal, es universal. La presentación de la información se realiza sin contrato ni ningún tipo de garantía.

Las marcas registradas utilizadas son sin ningún tipo de consentimiento y la publicación de la marca registrada es sin el permiso o respaldo del propietario de esta. Todas las marcas registradas y demás marcas incluidas en este libro son solo para fines de aclaración y son propiedad de los mismos propietarios, no están afiliadas a este documento.

TABLA DE CONTENIDO

Parte 1 1

Introducción 2

Capítulo 1 - Introducción A La Meditación 8

Capítulo 2 - La Meditación Y El Reconocimiento Espiritual 20

Capítulo 3 - Preparaciones Para La Meditación 26

Capítulo 4 - Los Beneficios De La Meditación 38

Capítulo 5 - Salud Y Bienestar 46

El Sueño 51

Capítulo 6 - ¿Cuándo Solemos Evitar La Meditación? 54

Momentos Del Día 56
Ejercicio Y Meditación 60
La Negatividad Y La Meditación 61

Capítulo 7 - Un Poco De Ayuda Para Empezar A Meditar ... 62

Capítulo 8 - Meditación De Yoga Para Principiantes Con Instrucciones Completas 68

Relajación - Previo A La Meditación 73
Más Ideas De Relajación Que Te Ayudarán Con La Meditación 75
Ejercicios Enfocados En La Postura Para Personas Que Tienen Problemas De Movilidad 76

Capítulo 9 - Meditación Con Mantras, Con Instrucciones Para Su Realización 83

¿Por Qué Es Importante Ponernos Un Límite? 92
Consejos Que Te Ayudarán Con Tu Meditación Con Mantras 93
Identifica El Objetivo Principal De La Meditación 94

Capítulo 10 - Meditación Mientras Caminamos 97

EJERCICIO PARA MEDITAR MIENTRAS CAMINAS............................ 102

Capítulo 11 - La Meditación De La Atención Plena Y Su Proceso 107

CONOZCAMOS UN POCO MÁS SOBRE LA ATENCIÓN PLENA 115
¿HACIA QUIÉN ESTÁ DIRIGIDA LA ATENCIÓN PLENA? 117
LA PRÁCTICA DE LA ATENCIÓN PLENA 118
EJERCICIO DE OBSERVACIÓN 124
EJERCICIO DE OBSERVACIÓN EN GENERAL 127

Capítulo 12 - Las Preguntas Más Comunes Sobre La Meditación Y Sus Respuestas 130

Capítulo 13 - Desarrolla Tu Práctica De Meditación 140

Conclusión 150

Parte 2 160

Introducción 161

Capítulo 1: Los Fundamentos De La Meditación 163

¿POR QUÉ DEBERÍAS APRENDER A MEDITAR? 165
¿CUÁLES SON LOS BENEFICIOS DE LA MEDITACIÓN? 168
¿CÓMO PUEDES EMPEZAR CON LA MEDITACIÓN? 170
¿HAY DIFERENTES TIPOS DE MEDITACIÓN? 174

Capítulo 2: Los Fundamentos De La Meditación Concentrativa 176

LA MEDITACIÓN CONCENTRATIVA Y EL CUERPO........................... 177
TUS PENSAMIENTOS Y EMOCIONES... 180
AMBIENTE DE MEDITACIÓN.. 182

Capítulo 3: Otros Tipos De Meditación 185

MEDITACIÓN A TRAVÉS DEL MOVIMIENTO. 186
MEDITACIÓN A TRAVÉS DE LA AUTOEXPRESIÓN. 189

Conclusión 191

Parte 1

Introducción

Han pasado varios años desde que descubrí la meditación. Sin embargo, se ha convertido en parte de mi vida por una muy buena razón. Parecía que todo el estrés y las presiones de la vida hacían que fuera navegando en ella contracorriente. Como si mi vida fuera una batalla cuesta arriba. Enfrentarme al estrés del trabajo, la presión de mi vida familiar y las interminables preguntas que pasaban por mi mente cada noche. Hasta que me di cuenta de que tenía que ceder en algo.

Siempre he creído en la existencia de algo que es mucho más grande que el ser humano. Nunca dudé de la naturaleza de mi parte espiritual, aunque en ese momento de mi vida, no sabía cómo podía llegar a sentirme espiritualmente lleno y pleno. Algo no estaba bien. Cada día, millones de personas cuestionan su vida. Si miramos los números, el año pasado 35 millones de personas fueron tratadas por depresión en los Estados Unidos.

Agreguemos a eso la población de otros países y veremos en qué se ha convertido la humanidad.

Después de haber regresado a mis raíces y de haber leído las palabras de "El Profeta" de KhalilGibran, decidí que era momento de encontrarle una respuesta a mi angustia; esa respuesta fue la meditación. Hay muchos tipos de meditación, por lo que tienes que encontrar el que te funcione mejor. Sin embargo, cuando lo encuentras, comienzas a pasar por encima de todas las cosas malas que pueden suceder en la vida y a ver todo desde su perspectiva correcta. Mi viaje puede ser también el tuyo, pero debes estar listo para tomarlo y aceptar todo lo que venga con él.

Podrás ponerle un alto al estrés, acercarte a tu ser espiritual y manejar tu vida de una manera mucho más productiva. Yo utilizo diferentes métodos de meditación para diferentes propósitos y todos están explicados en este libro, pues necesitas aprender estos sistemas que te ayudarán a manejar mejor tu vida y a conectarte con tu lado espiritual. También te ayudará a encontrar una cierta paz entre tu cuerpo y tu mente, lo cual alzará a tu espíritu a un nuevo plano. ¿Por qué escribir sobre todo esto? Porque es muy importante. Hoy en día, los niveles de estrés se están elevando de manera impresionante, así que, si este libro puede servir de ayuda a una persona, entonces el tiempo dedicado habrá valido la pena. Si de algo estoy seguro, es de que las personas que han tomado este camino conmigo han podido dejar de lado al estrés y han aprendido a apreciar ese lugar interior, de donde vienen todas nuestras emociones. También han aprendido a ser personas positivas y a seguir con sus vidas con un paso seguro, sabiendo que el mapa ya está trazado.

Probablemente se pregunten de dónde viene toda esta idea de la meditación y cómo ha sido introducida, pero para saber la respuesta tendrían que regresar al siglo VI a.C. Yo quería saber más sobre sus raíces, porque eso te ayuda a apreciar cómo se descubrieron los beneficios de la meditación.

Siddhartha Gautama fue una persona clave en la formación del estilo de vida budista, pero lo hizo por una razón en específico. Nació en una familia adinerada y, como príncipe, no conocía el sufrimiento. Hasta que decidió aventurarse por el mundo y lo descubrió por sí mismo. Había llevado una vida que lo protegía de todo ello. Cuando vio el sufrimiento de las personas, fuera de la seguridad de su palacio, decidió hacer algo al respecto. A través de la meditación, vio que las respuestas a este dilema se aclaraban y se basaban en lo que había descubierto después de una larga sesión. En ese momento se creó el Noble Camino Óctuple, que hoy en día es la base de la religión budista.

El saber que las personas que meditan buscan alcanzar el mismo nivel de entendimiento, me motivó a querer perfeccionar mi práctica de meditación, pues los profesionales llegan a alcanzar un lugar conocido como "Nirvana" o un lugar donde todo tiene explicación y toda la sabiduría del mundo se vuelve más clara. En lo personal, no quería cambiar al mundo, pero quería que mi actitud me llevara al cambio y la meditación me ayudó a lograrlo.

Este libro está escrito como una guía que te ayude a encontrar ese lugar espiritual dentro de ti, donde todo tendrá un mayor esclarecimiento. Cuando esté sucediendo, lo sabrás. Podrás ver los problemas con claridad y podrás controlar tu vida, dejando a la depresión y los sentimientos negativos fuera.

¿Te será de ayuda? Puedes estar seguro de que, si practicas regularmente, la meditación te será de gran ayuda. La meditación tranquiliza tu ritmo cardíaco, reduce tu presión sanguínea y te ofrece ese tiempo esencial para concentrarte en tu respiración. Hace que te sientas más feliz porque tu vida está mejor balanceada.

Te vuelves capaz de ver las cosas de una manera más objetiva y de encontrar algo dentro de ti que te ayuda a lidiar con el estrés de cada día. ¿A mí me ha ayudado? Definitivamente, y es por ello que este libro es tan importante para mí y me gustaría que fuera esencial para tu bienestar y felicidad.

Capítulo 1 - Introducción a la Meditación

Si no has oído hablar del trabajo de KhalilGibran, te será difícil saber por qué menciono muchas de sus citas. Pero puedo decirte que la razón principal, es porque este filósofo sabía la respuesta a la mayoría de los problemas que formaban parte de mi vida y de las vidas de otros. Es increíble la forma en que su elocuencia es capaz de identificar los verdaderos sentimientos y darles sentido. KhalilGibran nació en el Líbano y murió en 1931. Para mí, es difícil pensar en él en tiempo pasado, pues siento que forma una parte muy importante de mi día a día. Su filosofía me ha servido de guía durante tiempos difíciles y me ha ayudado a celebrar los buenos tiempos de mi vida, por lo que guardo conmigo su libro "El Profeta", que me recuerda las cosas verdaderamente importantes de la vida. *En este libro en particular, el profeta está a punto de dejar una ciudad en la que se había convertido en parte integral de las vidas de las personas a su alrededor. Estas personas le piden ayuda antes de que se marche y le hacen muchas preguntas con respecto a la vida, pidiendo su filosofía en cada una de ellas. Te darás cuenta de que eres capaz de conectarte con tu espiritualidad si tomas en cuenta su trabajo mientras meditas. Te recuerda los aspectos fundamentales de la vida y te ayuda a ubicarte de la mejor manera en tu mente, para que tu práctica sea productiva.*

Cuando apenas se empieza en el camino hacia la meditación, es difícil imaginar el sentido que tiene el silencio dentro de tu alma. De hecho, la mayoría de las personas no pueden dejar de lado sus pensamientos y ven a la meditación como una práctica de moda en la que uno puede encerrarse, como parte de un régimen de vida. Los principiantes no entienden muy bien el significado que tiene en su calidad de vida. Hay mucho poder de sanación dentro del cuerpo humano, el cual no aprovechamos. *Cuando meditas, permites que esa gran fuente de poder de sanación se utilice para hacer de tu vida un lugar mejor.*

Yo solía creer que era imposible tranquilizar la mente, y tal vez lo es, pero lo que hace la meditación es darle un rumbo a esos pensamientos para que dejen de llegar de manera aleatoria. Tú tienes la capacidad de pensar en qué puede evitar que tu mente se disperse. Esa es la diferencia entre la meditación y el proceso normal de pensar. De eso se trata la meditación; de ese enfoque. Conforme vayas avanzando con este libro, verás que he presentado diferentes tipos de meditación, pues no hay un solo tipo que se ajuste a todos. Cada quien descubrirá cual de ellos le funciona mejor. Todos los principiantes deben de encontrar dónde se sienten más cómodos, y esto les será de mucha ayuda.

Si hablamos de meditación, los budistas están muy bien ubicados. De hecho, GautamaBuddha, quien desarrolló la filosofía budista, se aisló de todos para encontrar respuestas y descubrió que el origen del sufrimiento humano es en realidad el mismo comportamiento humano. Los budistas siguen las reglas que él estableció como la base del budismo, y aunque no vayas a convertirte en un moje budista o en creyente, quería que vieras esta comparación, pues muchas filosofías utilizan esta misma paz interior como la base de todo aquello en lo que creen, y ahora entiendo por qué.

Para ayudarte a tener un mejor entendimiento, si hay algún lugar en la Tierra, al cual te sea fácil llegar y que te deje sin aliento, ahí es donde debes de estar para poder entender de qué se trata la meditación. Si me lo permites, te lo explico. Mi lugar es una colina, y desde esa colina puedo ver todo el campo a mi alrededor. Los colores, la belleza e incluso hay momentos del día en los que se puede ver la unión del cielo y la tierra. Es maravilloso. Los mejores momentos son al atardecer o al amanecer. *También se puede tener una vista panorámica del mundo que se extiende a lo lejos de la colina, y es este fondo el que me llena de inspiración.*

El punto de ir a un lugar que te deje sin aliento es que esto te ayuda a darle un balance a tu mundo. Comienzas a ver lo pequeños que somos en el orden de las cosas, y eso es muy importante para crear un balance. A pesar de que seamos pequeños, somos uno de los granos de arena que conforman el mundo en el que vivimos, y ese grano es tan importante como como lo que ves frente a ti en ese maravilloso lugar. Cada elemento de esa escena es tan importante como el siguiente, pero al mismo tiempo es pequeño y tiene una cierta insignificancia cuando lo comparamos con toda la imagen. De ahí viene la humildad. Tienes que experimentar la humildad para poder cerrar tu mente y confiar en tu instinto interior. Ahí es donde empieza la meditación. *Fui a mi lugar especial hace mucho tiempo y descubrí que cuando tuviera algún dilema en mi vida al que no le encontrara respuesta, este sería mi mejor lugar para meditar. Me trajo paz mental, pero también me recordó que soy parte esencial de este maravilloso mundo. Tan esencial como los árboles, el pasto, la arena y el agua.*

Los he llevado a este lugar especial de manera intencional. Tal vez para ustedes sea una playa al atardecer. Tal vez sea ante una gran cascada o bajo las ramas de un roble de 400 años de edad. Donde sea que encuentren ese asombro es un buen lugar para encontrar la humildad y entender el pequeño rol que jugamos. Con ello, podrás dejar de lado todas aquellas preocupaciones y dudas que consideras tan importantes para verlas desde su perspectiva correcta. Ese es el primer paso para aprender de qué se trata la meditación. *Sí, es una aventura espiritual. No una religiosa. Sí, los budistas la usan como la base de su filosofía, pero no te preocupes por eso. Te darás cuenta de que la meditación te ayuda a entender las conexiones entre tu cuerpo y tu mente y a unirlos, para que estés mejor preparado para enfrentarte a todo lo que suceda en tu vida.*

El punto es, que antes de que empieces con la práctica de la meditación necesitas entender sus principios básicos. Un lugar, de tu elección, inspirador y asombroso, te permitirá ver lo que sucede cuando sacas todos los pensamientos de mente y los reemplazas con cosas positivas. Eso es lo que se hace en la práctica de la meditación. Hay acciones que no están conectadas a un pensamiento y hay otras que sí lo están. Es muy común que cuando te encuentras en un ambiente impresionante e inspirador, todos los pensamientos negativos que puedas tener se vayan y te concentres en el positivismo de lo que estás viendo.

Si logras llegar a este lugar, cierra tus ojos y siéntate de manera cómoda. Vacía tu mente. No tiene que ser por mucho tiempo, como normalmente se hace cuando meditas. Solo es una introducción.

Cuando sientas que estás listo para experimentar ese asombro, abre tus ojos y disfruta esa belleza que te rodea, ya que esto te ayudará a entender tu propio significado en el transcurso de la vida, tal y como es, y a entender que el universo es tan solo el comienzo. *También hará que dejes de pensar en el ayer, en malos comentarios que te hayan hecho o que dejes de preocuparte por el mañana.*

Todo lo demás viene de saber que eres un niño en esta Tierra. Te das la confianza suficiente para dejar ir absolutamente todo durante tu meditación. Con el tiempo, esto te establecerá en un estado de calma que se llevará todo el estrés y las preocupaciones de tu vida. Y con la práctica, esto empezará a hacerte sentir renovado y completo de nuevo, como cuando eras niño. Para un bebé, que no conoce la decepción, ese asombro está presente y puede reaparecer en cualquier momento de tu vida con ayuda de la meditación.

¿Has notado que las telarañas suelen tener gotas de rocío que adornan tu jardín, muy temprano por la mañana, y parecen collares de diamantes? ¿Has visto el círculo de setas que se forma cada año en el bosque de los secretos? ¿Has visto a un ave recolectar pequeños palos para hacer un nido para sus crías? En este mundo, todo el tiempo ocurren maravillas alrededor de ti, y aun así pasamos sin siquiera notarlo, perdidos en las batallas emocionales que llevamos dentro de nosotros. La meditación nos ayuda a reemplazar esas batallas y comenzar a usar nuestra mente de la misma forma tan clara en la que KhalilGibran la vio cuando escribió su libro. Vuelve a leer la citación al principio de este capítulo, pues es verdad que puedes liberarte del dolor que sientes y de abrir tu mente a una nueva forma de entendimiento.

La introducción a la meditación se trata, más que nada, de saber por qué queremos hacerlo. Es necesario que te hayas percatado de que el mundo en el que vivimos no es perfecto. Esto te llevará a buscar soluciones para hacer de este mundo un mejor lugar. La meditación te ayuda a que alcances esos sueños y comiences a ver la vida con perspectiva. Entonces, serás capaz de controlar tus emociones. También percibirás mucho mejor los sentimientos de los demás y verás que la vida se volverá más fácil.

Si sufres de estrés o depresión, la meditación te ayuda a que te enfoques en las cosas que realmente importan. Por consiguiente, serás menos propenso a concentrarte en los aspectos negativos de tu vida. Cosa que, con el tiempo, te ayudará a concentrar tus esfuerzos en cosas positivas. La meditación aclara tu mente y permite que te conviertas en lo mejor de ti. Si necesitas una razón para darle una oportunidad a la meditación, esta introducción debería decirte que la razón principal es ayudarte a que te detengas y "huelas las rosas". Verás el lado bueno de la vida y encontrarás el balance y la armonía perfecta que te ayudará a que seas más feliz. Esto te hará crecer.

Ya sea si escoges algún tipo de meditación que involucre el uso de estímulos, como sonidos, cantos, imágenes focales o la atención plena, la meditación funciona más o menos de la misma manera. Tu mente se aleja de los pensamientos negativos y preocupaciones y se da el gusto de vagar libremente por un tiempo. Yo descubrí que cuando practicaba la meditación budista, este tipo de meditación era particularmente bueno, pues le otorga a tu mente una cierta libertad que es particularmente especial y que te da mucha energía interior, incluso después de horas de haber meditado. De esta forma, alimentas a tu mente con una libertad que no estaba acostumbrada a experimentar. El silencio y la concentración en tu respiración ponen al mundo en perspectiva, haciendo que sea muy difícil sentir enojo después de una sesión de meditación. Sin embargo, conforme vayas aprendiendo con este libro, podrás usar otras formas de meditación. Como salir a dar un paseo si sientes que el enojo está tomando control sobre tus pensamientos. Puede que esta concentración en el movimiento de tu cuerpo te ayude a deshacerte de la energía negativa, así como a expulsar cualquier pensamiento negativo que puedas tener. La meditación es tu oportunidad para reformar tus pensamientos, ponerlos en orden y superar las situaciones negativas. A través de mi práctica de meditación, aprendí a ser una persona mucho más tolerante, que ahora es capaz de escuchar y observar sin prejuicios. El acercamiento mental a la vida es de mucha ayuda para la conexión de cuerpo y mente, y te mantiene en un estado positivo.

Capítulo 2 - La Meditación y el Reconocimiento Espiritual

"Solo hay dos errores que uno puede cometer a través del camino a la verdad; no avanzar todo el camino y no empezarlo."
~ Buda

Quizá te preguntes cómo es que llegas a sentirte más espiritual a través de la meditación, pero la verdad es que están muy bien conectados. Cuando desactivas todos los pensamientos externos empiezas a ver hacia adentro, y es ahí donde descubres que esa espiritualidad ya existe, solo que no la habías notado. Esto también significa que estás comenzando a ver las cosas con más claridad y te encuentras regresando a tus raíces.

Cuando practicas la meditación, te alejas del mundo y te desconectas de toda esa interferencia externa a la que estás acostumbrado. Esto te da el tiempo necesario para acercarte a quien eres como persona, y aunque la gente asocie la espiritualidad con la religión, el sentirte espiritual no necesariamente te llevará por un camino religioso. Cuando empiezas a explorar tu ser interior lo haces con profundidad, y es esta exploración la que hará que aprendas sobre la iluminación. A través de la meditación, eres guiado a la fuente de tu propia conciencia, sacando a la luz el lado espiritual de tus procesos cognitivos.

Hoy en día, estamos muy influenciados por estímulos externos. Miramos nuestro celular e interactuamos con las personas a través de él cada cinco minutos. Competimos por los mejores trabajos. Vivimos en casas con lo último en tecnología y cada día conducimos al trabajo dentro de un gran tráfico de personas que hacen exactamente lo mismo. Llegamos al punto en que el estrés nos supera y nos encontramos en un círculo del que no nos es fácil salir. En estos tiempos, el estrés es un gran enemigo, y a veces necesitamos alejarnos de ese tipo de vida y enfocarnos en las cosas que realmente importan.

Esta es una gran cita del libro "The Soul of Rumi" (El Alma de Rumi):

"Ayer era inteligente, por lo que quería cambiar al mundo. Hoy soy sabio, por lo que me quiero cambiar a mí mismo."

Esto nos quiere decir que el cambio no se realiza de manera externa, sino que tiene que ver con la forma en la que vemos al mundo y cómo reaccionamos ante él. Ahí es donde aparece la espiritualidad. La meditación ayuda a que veamos las cosas con mucha más claridad. Si le echamos un vistazo al concepto original que formó el budismo, veremos que todas las respuestas se volvieron claras para Siddhartha Gautama cuando meditaba, buscando una solución o un camino para que las personas dejaran pasar todo el sufrimiento causado en la vida. No podía creer que la gente sufriera tanto. A través de su meditación, se dio cuenta de algo muy importante. No fue hasta que terminó su práctica que vio que la humanidad era responsable de ese sufrimiento y que, si estuviera establecido que el ser humano es capaz de soportar muchas cosas, sería más fácil seguir adelante. Seguro que no podremos superar el nivel de espiritualidad al que él llegó en su misión, pero esa espiritualidad le hizo ver que siempre existe una solución si sabemos dónde buscar.

Por ejemplo, cuando tenemos una discusión dejamos que la situación nos nuble el juicio. Vemos algunos aspectos de culpa y también vemos defectos. Lo que no vemos es que nosotros también tenemos un rol en lo que está sucediendo. La meditación nos aclara todo esto, y el Nirvana o la iluminación que él alcanzó a través de su meditación es lo que todos los budistas buscan alcanzar hoy en día. Ese entendimiento interno de todas las cosas. El conocimiento es lo que hace que hagamos algo diferente con nuestra existencia, simplemente con cómo nos acercamos a ella.

Una persona espiritual es una persona que ha alcanzado un cierto nivel de iluminación. Aunque es muy poco probable que todos alcancemos el mismo Nirvana, eso no debería impedirnos que lo busquemos. Este gran entendimiento llega de manera muy natural para ciertas personas, cuyos instintos les dicen todo sobre lo que es la espiritualidad. Ven a través del tercer ojo. Incluso son capaces de darle respuesta a sus más intensas preguntas personales a través de la meditación y conociendo el camino correcto. Puede que no creas en el tercer ojo. Puede que ni siquiera entiendas lo que es, pero no tienes que hacerlo.

Conforme vas tomando experiencia en la meditación, te vas acercando a un lugar en el que entiendes instintivamente lo que es el tercer ojo. Tu nivel de análisis y entendimiento propio te diferenciará de los que aún no han encontrado esa creencia espiritual propia. Hay quienes se preguntan que, si siempre estamos enfocados en el interior, ¿cómo podemos tener una idea realista de lo que sucede en el mundo exterior? Bueno, aunque la tecnología y nuestros intereses hayan cambiado a lo largo del tiempo, la verdadera naturaleza del ser humano sigue siendo la misma. Seguimos aferrándonos a la vida, y lo podemos ver en cómo vamos aprendiendo a lo largo de ella. Nos relacionamos amablemente. Sabemos cómo comportarnos con los demás, pero la meditación nos acerca a nuestras raíces, a un lugar en el que somos capaces de formar nuestro carácter. Una vez que tienes eso, dejarás de sufrir por estrés y otras preocupaciones. Ya no dejarás que la negatividad se interponga en tu camino y podrás vivir con ese conocimiento que la meditación te ha dado. Es entonces cuando la espiritualidad comienza y mejora tu vida.

Capítulo 3 - Preparaciones para la Meditación

"Miles de velas pueden encenderse a partir de una sola, y la vida de esa vela no se acortará. La felicidad nunca disminuye por ser compartida."
~ Buda

Decidí empezar este capítulo con esta frase, pues Buda nos dice que la energía puede transferirse y mantenerse viva incluso en algo tan pequeño como una vela. Eso es lo que hace la meditación con nuestra existencia. Cuando haces que la meditación forme parte de tu vida, te sientes más vivo porque te permites tener más libertad de la que has tenido a lo largo de tu vida. Imagina que le dicen a tu mente que está bien irse de vacaciones de vez en cuando. En realidad, sí que necesita de este espacio para que el flujo de energía mantenga encendida esa llama.

Prepararte para la meditación es lo que hace que tenga un mejor efecto. Después de todo, hay una cierta distancia entre el mundo donde tus pensamientos deben estar enfocados y el mundo en el que no piensas en nada. Recuerdo haber leído un libro de Elizabeth Gilbert, en el que hablaba de sus viajes después de haberse separado de su marido. Visitó una comunidad en la India y cuando trataba de entrar en una práctica meditativa se dio cuenta de que le resultaba imposible pensar en nada. Inténtalo. Es más difícil de lo que crees. Es por ello que un poco de preparación puede ser de mucha ayuda en este viaje; en vez de lanzarse a la meditación esperando aterrizar de manera correcta. Algunas personas no se preparan y no obtienen los resultados deseados porque no son capaces de relajarse.

Siéntate en un lugar tranquilo, cierra tus ojos para bloquear cualquier estímulo que pueda interrumpir tu proceso de pensamiento y trata de no pensar en nada. Mide el tiempo que tardes en lograrlo, y lo más seguro es que no tardarás mucho en desesperarte y empezar a pensar en otras cosas. Esto pasa por una muy sencilla razón. Hay muchos compartimentos dentro de tu mente. En ellos hay emociones, pensamientos sobre el trabajo, sobre tu hogar, recuerdos y expectativas. Cuando todos estos compartimentos están demasiado llenos y empiezan a mezclarse, es cuando sufrimos de estrés. Es algo que no se puede evitar. Es como meter a la lavadora la ropa roja con la blanca. Los colores se combinarán.

Desde que aprendemos a caminar, nos enseñan a ser cautelosos. Nos dicen cómo debemos comportarnos. Más bien, la sociedad nos dice cómo debemos hacerlo. Hasta cierto punto, toda tu vida está moldeada por una sociedad que forma parte de tu mundo. Tenemos opiniones sobre lo que es estar delgado o pasado de peso. Tenemos opiniones sobre lo que está bien y lo que está mal, y en algún punto del camino, le das un cierto orden a tu forma de pensar. Nos enseñan a luchar por el éxito y a verlo como un lujo. Cuando, en realidad, esta es la percepción que nos lleva a tener baja autoestima si no cumplimos con las expectativas de la sociedad. Es por ello que los procesos de pensamiento son tan complejos y dispersos. En el ámbito académico nos enseñan a pensar de cierta forma y a usar el cálculo y la conclusión lógica para aprender de los eventos del pasado. Entonces, es muy difícil para nosotros, como raza, bloquear ese sistema automático de almacenamiento y razonamiento de la información.

Quienes meditan aprenden a poner todo de regreso en su lugar, por lo que les es más fácil pensar de manera clara. Son capaces de concentrarse mejor y de entender cada uno de los compartimentos y su importancia. También pueden deshacerse de algunos de ellos cuando es necesario, de manera que lo que se quede dentro sea completamente manejable. Esto los hace capaces de lidiar con el estrés mucho mejor, pues han aprendido a cerrar esas cajas para solo abrirlas cuando sea necesario encargarse de lo que hay dentro.

Todos tenemos buenos motivos para llorar. Todos tenemos motivos para sentirnos infelices en nuestras vidas, pero las personas que meditan son capaces de darle sentido a sus sentimientos para no dejarse envolver por ellos. Esto se debe al haber ampliado tu mente y haberle dado mayor libertad. Y es ahí cuando realmente se empieza a aprender. Cuando desprogramas tu mente y le permites hacer su trabajo sin la interrupción de todas esas nociones preconcebidas.

Ahora, intentemos algo diferente. Cierra tus ojos. Esta vez, en vez de no pensar en nada, vamos a darte algo en lo que concentrarás toda tu atención. Concéntrate en tu respiración. La respiración es algo esencial para vivir. ¿Recuerdas que a la gente que entra en pánico, se les da una bolsa de papel para que respiren en ella? Esto tiene una explicación muy lógica. Cuando estás estresado sobrecompensas tu respiración, haciendo que te hiperventiles, que le llegue demasiado oxígeno a tu sistema nervioso y que entres aún más en pánico. Cuando aprendes a respirar correctamente el pánico no existe, pues tú tienes el control. Así es como tienes que respirar cuando meditas. Entonces, en vez de no pensar en nada, durante este tiempo tu mente se concentrará en tu respiración.

Siéntate con la espalda recta. Esto es muy importante. No tiene que ser en una de esas posiciones que se ven increíblemente incómodas. Siéntate en una silla que sea cómoda, pero que también permita que tu espalda esté recta. Mantén tu cabeza ligeramente elevada, ya que esto ayuda a abrir tus vías respiratorias y que tu respiración se vuelva más sencilla. Trata de visualizar a cada una de tus respiraciones como energía. Parecida a la energía que usamos cuando encendemos la flama de la estufa. Puedes ver esa energía, por lo tanto, puedes visualizarla como una flama de color azul. Tan solo visualiza ese aire en forma de energía sólida, del color de tu preferencia. De este modo, tienes algo tangible en que pensar.

Inhala por la nariz y concéntrate en esa respiración. Siente como el aire entra a tus pulmones. Cuenta hasta tres y exhala por la nariz, desde la parte superior de tu abdomen, expulsando todo el aire. Sigue practicando este proceso por un tiempo y trata de concentrarte solamente en tu respiración. El ser humano necesita tener algo en qué concentrarse, por lo que la meditación ofrece muchas opciones. Ese algo tiene que ser banal o que no involucre todos esos compartimentos de emociones, siendo la respiración una muy buena opción.

En el siguiente capítulo les mencionaré varios tipos de meditación, y cada uno de ellos utiliza algo banal que te ayuda a mantener tu mente ocupada, en vez de estar pensando demasiado. Cuando mantienes tu mente ocupada, no eres capaz de llenarla con pensamientos de estrés. De hecho, cuando empiezas a meditar, si algún pensamiento de estrés logra entrar a tu mente por no estar completamente concentrado en tu meditación tendrás que volver a empezar, pues mientras más práctica tengas en poner un solo pensamiento en tu mente, mejor.

Asegúrate de que cuando medites estés en una posición en la que no puedas ser interrumpido y usa ropa cómoda. No hay nada peor que tratar de meditar con una pretina que te aprieta demasiado o zapatos que te lastiman. Este tipo de cosas hacen que inmediatamente te distraigas del proceso de meditación, y necesitas tener el menor número de distracciones posibles. Recuerda que tu cuerpo debe hidratarse regularmente. Pero no solamente con tazas de té o café por estar hechos a base de agua. Me refiero a tomar agua natural, que te ayuda a mantenerte hidratado y es igual de importante en tu proceso de meditación.

Los siguientes capítulos te mostrarán diferentes tipos de meditación.

Evidentemente, hay otros libros mucho más enfocados en este aspecto, pero ya que este libro está dirigido a principiantes, lo más lógico sería empezar con una meditación especial para principiantes. Empezar por el principio. Eso siempre es lo mejor. De ahí, puedes avanzar a otros métodos, pero estos son los mejores puntos de partida para cualquier persona.

Las clases de meditación pueden darte la disciplina necesaria para continuar, pero si estás lo suficientemente motivado, la práctica diaria te ayudará a reforzar tu habilidad para meditar. Los siguientes capítulos describen muy bien a la meditación en sí, de manera que tengas muy claro la manera en que funciona y lo que necesitas para alcanzar la postura correcta, el proceso de pensamiento correcto y el proceso de meditación correcto.

La meditación ofrece muchos beneficios, los cuales serán mencionados a lo largo del libro para ayudarte en el camino. Cuando sientas que tu salud está mejorando y que tus capacidades mentales se están puliendo no tendrás más dudas sobre los beneficios de la meditación. Simplemente lo sabrás. Aclararás tu mente y verás la vida de una forma mucho más positiva.

De hecho, en este libro también encontrarás algunos ejercicios de respiración que podrás usar junto con tu meditación para llenarte de energía. Ten en cuenta que el libro contiene mucha información sobre los ajustes que debes de hacer en tu estilo de vida y que, aunque puedan parecerte irrelevantes, son parte integral para que tu meditación rinda efectos. Encontrarás todo tipo de ejercicios que te ayudarán a escoger el tipo de meditación que se ajuste mejor a tu temperamento y estilo de vida.

El ejercicio de relajación es uno de los que podría ayudarte antes de que empieces con la meditación, ya que ayuda a despejar tu mente. Tal y como lo menciona Elizabeth Gilbert en su libro "Comer, Rezar,

Amar", esto es lo que impide a muchos avanzar, pues aún no han enfrentado este proceso de relajación. Estamos tan acostumbrados a estar pensando hacia futuro, que esto de despejar la mente y enfocarnos en algo más puede resultar muy difícil al principio.

Sin embargo, muy pronto serás capaz de hacerlo con total facilidad, considerando que estás dispuesto a dedicarle tiempo a tu práctica y a hacer que la meditación forme parte de tu rutina diaria, tanto como levantarte, lavarte los dientes, comer, trabajar y relajarte frente al televisor. Tienes que darle su lugar a la meditación, y para ello, tienes que estar comprometido. No puedes solo meditar de la misma forma en la que decides tomar una cuerda y saltar un rato. Necesitas darle ese descanso a tu mente, y si te estableces horarios, verás que se volverá mucho más sencillo. El tener un lugar que sea especial para tu práctica de meditación es de mucha ayuda, pues inmediatamente asociarás a ese lugar con tu meditación.

Este lugar debe de ser tu espacio dedicado a desenvolver los misterios de la vida y obtener un mayor entendimiento.

Capítulo 4 - Los Beneficios de la Meditación

"La meditación hace que todo el sistema nervioso entre en un campo de coherencia."
~ Deepak Chopra

La práctica regular de la meditación tiene incontables beneficios, de los cuales hablaremos en este capítulo para que sepas por qué se recomienda que medites todos los días. La constancia en tu meditación es tan importante como la de tu alimentación, y aquí te explicaré todo lo bueno que te traerá.

Uno de los beneficios inmediatos en tu salud es que la meditación tranquiliza tu corazón, reduciendo tu presión sanguínea. Si sufres de estrés, la meditación te traerá muchos beneficios, pues con ella puedes estabilizar las emociones y apaciguar tus miedos. En verdad que es muy efectiva para poner en balance todo tu estrés. De hecho, ya hay algunos médicos que prescriben la meditación consciente en sus recetas como una alternativa a los medicamentos antidepresivos, pues se han dado cuenta de que los beneficios a largo plazo son mucho más efectivos que el uso tradicional de medicamentos.

Con toda seguridad, tu nivel de concentración tendrá una gran mejoría si meditas regularmente, lo cual puede ser extremadamente útil para personas en un ámbito laboral o académico. Esto se debe a que recargas y reinicias tu cerebro, en vez de agregarle problemas cuando ya está confundido y tratando de darle sentido a esos problemas. El poder de concentración de la meditación viene de la práctica constante, pues se requiere de una cierta disciplina, que va de la mano con la concentración.

Hay un estudio en el que se puso a varios estudiantes a que practicaran la meditación. En él se comprobó que, sin lugar a dudas, el sistema inmune se encuentra más tranquilo durante la meditación constante. Estas son buenas noticias para tu cuerpo, pues significa que te está protegiendo de una manera mucho más eficiente. También se mostraron reducciones en los niveles de angustia.

Otros estudios muestran que después de ocho semanas de meditación, quienes la practicaban eran menos propensos a contraer enfermedades crónicas como la fibrosis, y que hay una conexión entre la actividad del lóbulo frontal del cerebro y los impulsos que nos hacen sentir bien u optimistas. La actitud mental que tenemos ante estas cosas tiene mucho que ver en cómo se desarrollará la enfermedad a largo plazo. De esta forma, se comprobó que con la meditación existe un mayor control sobre estas condiciones.

Los chakras o centros de energía del cuerpo comienzan a alinearse. Lo que significa que la energía puede recorrer tu cuerpo con gran facilidad. Es posible que no creas en los chakras, pero si le das un vistazo a una medicina alternativa que ya está reconocida, verás que los puntos de energía también son conocidos como meridianos. Quienes practican la acupuntura tratan de hacer lo mismo, pero con una metodología distinta. En este caso, se utilizan agujas, pero la meditación te enseña sobre la importancia de la postura, y que si la mejoras, automáticamente ayudarás a que la energía recorra todo tu cuerpo.

Personalmente, algo que descubrí con mi meditación es que me llenaba de energía, por lo que comencé a ejercitarme más. Esto me ayudó a bajar de peso, pero también a mantenerme activo. Después de cuatro semanas comencé a preocuparme más por mi salud. Eso incluía asegurarme de tener una postura correcta y ejercitarme regularmente, lo que me ayudó a superar ciertas discapacidades que habían afectado mi movilidad.

Empecé a tomarme muy en serio mis responsabilidades con mi cuerpo. La meditación hizo que empezara a tomar agua y a alimentarme sanamente de manera natural. Dejé de consumir alimentos procesados y descubrí que mi cuerpo me lo agradecía.

Tu cuerpo empieza a cambiar, a veces sin que te des cuenta, y esto incluye evocar a aquellos genes que se encargan de la sanación. Todos tenemos estos genes. <u>La Escuela de Medicina de Harvard</u> llegó a la conclusión de que la meditación nos ayuda a liberar ese efecto de sanación que existe en nuestro cuerpo, y que la relajación que nos ofrece es de gran ayuda en este aspecto. Harvard no dejó de darnos buenas noticias, asegurando que la gente que medita regularmente es menos propensa a padecer enfermedades auto inmunes o que conducen a la parálisis, como la artritis.

Evidentemente, eso es algo muy bueno. No hay palabras suficientes para explicar lo sano que te sientes cuando te acostumbras a meditar de manera constante. Si tienes problemas de movilidad, podrías combinar la práctica de la meditación con la práctica del yoga, bajo supervisión. Esto te resultará muy beneficioso.

Hay un libro muy interesante que se llama "La Salud Emocional" que contiene conversaciones entre el Dalai Lama y varios profesionales para tratar de establecer el vínculo entre la forma en la que la mente percibe las cosas y la salud. Si aún no estas convencido del poder de la meditación, podría ser buena idea que consiguieras este libro de Daniel Goleman, pues corrobora lo que he dicho, que el vínculo entre tu salud y la forma en que funciona tu mente es algo irrefutable.

Los profesionales se lo están tomando tan en serio, que están empezando a ver que los medicamentos y tratamientos tradicionales no son la única solución. El libro anteriormente mencionado incluye una prueba que se le realizaba a personas al presentar diferentes emociones, la cual mostró que ciertas partes del cerebro se activan con distintas emociones, dependiendo de si son negativas o positivas. Esto fue algo que se le preguntó al Dalai Lama, quien estableció en términos simples, que las emociones positivas son buenas para la salud y que las negativas la perjudican. Lo que sucedía con la persona es que una parte de su cerebro se activaba al tener pensamientos negativos, lo que se relaciona con la ansiedad. Sin embargo, cuando hay pensamientos positivos, es menos probable que la negatividad llegue a otras partes del cuerpo. Las personas que meditan de manera constante activan la parte positiva del cerebro.

Tendrías que leer todo el libro antes de poder tomar una postura ante lo que trato de decirte, pero en pocas palabras, quienes meditan se sienten mejor, pues su disciplina mental no les permite que la negatividad tome el control. Médicos, psicólogos y maestros de meditación se han unido al Dalai Lama en el Instituto Mente y Vida, y el libro sugerido anteriormente es uno de los resultados.

Observar las diferencias en el estilo de vida de las personas que son felices y las que no, es una muy buena idea. En el próximo capítulo haremos énfasis en el tipo de cosas que necesitas tener en tu vida si quieres sacarle el máximo provecho a tu práctica de meditación y relacionarlo con tu salud. Si estás buscando una solución para el estrés, este es el mejor lugar para empezar. Por ejemplo, si meditas, pero te niegas a cuidar de las necesidades de tu cuerpo, la meditación no será tan benéfica como para alguien que está consciente de lo que su cuerpo necesita y se encarga a ello de manera responsable.

Capítulo 5 - Salud y Bienestar

"Mantener el cuerpo en buena salud es un deber, de lo contrario no seremos capaces de mantener nuestra mente fuerte y clara."

~ **Buda**

Todos los seres humanos tenemos una responsabilidad con nuestro cuerpo y nuestra mente. Con la meditación nos ocupamos de la mente, pero esto no servirá de mucho si hacemos caso omiso de las necesidades de nuestro cuerpo, haciendo que se pierda esa armonía que hay entre ellos. Una vez que estás consciente de la conexión entre ambos y practicas la meditación en la medida de lo posible, esas ganas de cuidar de ti mismo vendrán automáticamente. Probablemente te preguntes cómo funciona esto para la gente de escasos recursos, que no tiene las posibilidades para cuidar de sí como alguien con mayores posibilidades económicas. En realidad, ser pobre o rico no tiene nada que ver. Está claro que mientras más dinero tengas tendrás acceso a una mejor variedad de alimentos, pero eso no lo es todo. Si viajaras al Tíbet y vieras a las personas que integran a la meditación como parte de sus vidas, verías que la mayoría de ellos son gente pobre en lo material, pero extremadamente ricos en su entendimiento del balance.

Alimento

Tu cuerpo necesita vitaminas y minerales para sobrellevar tus actividades diarias. Por lo que comer frutas y verduras es algo esencial. Es posible que pienses que los budistas no comen carne, pero la verdad es que sí lo hacen, siempre y cuando esa carne cumpla con ciertos aspectos. Por ejemplo, ellos no matan o mandan matar para poder comer, pero según su filosofía budista, incluir carne en su dieta es aceptable. Los niños en crecimiento necesitan la proteína de la carne por su valor nutricional. Incluso el actual Dalai Lama se vio obligado a abandonar su vida vegetariana e incluir la carne en su dieta por recomendación de su doctor.

Tus alimentos deben ser variados. Comer alimentos que están preparados de una manera muy poco saludable, es uno de los mayores errores de la civilización de occidente. Ingerimos demasiado almidón, azúcar y alimentos precocinados que están llenos de químicos. Si puedes balancear tu dieta, incluyendo alimentos frescos y siempre con moderación, será difícil que tengas problemas alimenticios. Menos es más, pero sí debes asegurarte de comer las cantidades necesarias para el volumen de tu cuerpo.

La meditación será de gran ayuda para tu sistema digestivo, sobre todo si practicas la atención plena, pues en lugar de comer demasiado rápido te darás tu tiempo para masticar. Dejarás de apresurar tus comidas y te asegurarás de comer solo lo necesario para saciar tu apetito. También notarás las necesidades de tu cuerpo. Comer manzanas, por ejemplo, puede reducir los niveles de colesterol. Los alimentos sin gluten ayudan con los problemas de la tiroides. Pero este libro no se trata de salud en general. Se trata de cómo la meditación tendrá un efecto en todo tu organismo, y en este capítulo nos enfocaremos en el estilo de vida. Solo tú sabes lo que es bueno para tu cuerpo, pero en general, debes de evitar estimulantes como el té o el café y tratar de comer alimentos que te hagan sentir bien.

El ayuno ocasional, cuando estás dejando que tu cuerpo se desintoxique, también puede ser de gran ayuda en tu meditación. Puedes acompañar al ayuno con un poco de té verde o té de ortiga para tratar de expulsar todas las toxinas que la misma vida pudo haberte traído. Hacer esto durante un periodo de 24 horas puede ser una buena solución; siempre y cuando tu doctor esté de acuerdo, pues podría ser perjudicial para personas con diabetes.

Tomar agua es algo esencial que debemos

de hacer durante todo el día para mantener al cuerpo hidratado. Con el tiempo, esto mejorará tu movilidad, ya que los músculos tendrán el líquido suficiente para mantenerse flexibles.

Tabaco y alcohol

Fumar daña tu cuerpo. No hay duda sobre ello, pero además bloquea tus canales de energía. Lo más sabio es intentar dejar de fumar. Si necesitas reemplazarlo con algo, los arándanos, las semillas de girasol o cualquier snack nutritivo son una muy buena opción.

Con respecto al alcohol, una o dos copas de vino al día no hacen daño, pero tomarlo en exceso hace que tu mente se distorsione conforme a su manera de ver las cosas, lo cual no es bueno si quieres meditar de manera efectiva. Si abusas del alcohol regularmente, tienes menos control sobre tu mente y la disciplina de la meditación se vuelve más difícil.

Ejercicio

El cuerpo necesita ejercitarse, pues un cuerpo estresado es más propenso a tener problemas. Si puedes salir a caminar como parte de tu rutina notarás los beneficios. Hoy en día utilizamos el carro para todo, olvidándonos de algo tan esencial como el ejercicio, y un estilo de vida sedentario no te ayudará a que uses la meditación para conectarte con tu espiritualidad. Así que, incluso si solo te es posible caminar despacio, asegúrate de salir a tomar algo de aire fresco para ejercitarte cada día. Puede que solo sea una vuelta a la cuadra, incluso eso te servirá. O si puedes practicar cualquier deporte, también será de ayuda.

El Sueño

No tengo palabras suficientes para explicar la importancia del sueño. Si tienes mucho estrés y no duermes lo suficiente, seguramente utilizas la misma excusa de todos. Decir que eres más productivo si no duermes mucho, cuando en realidad, doctores han comprobado que eso no tiene sentido. Durante el sueño pasas por diferentes etapas, y es necesario pasar por ellas para la salud de tu mente y de tu cuerpo. Mientras duermes, tu cuerpo libera hormonas que te ayudan a sanar y la mente necesita el sueño MOR (movimientos oculares rápidos) por las mismas razones. Si no le das a tu mente tiempo para que sane, no podrá trabajar al máximo nivel. Es tan simple como eso.

Si estás acostumbrado a dormir poco, es posible que necesites cambiar tu estilo de vida, de manera que tu cama se vuelva un lugar de relajación. Evita ver la televisión antes de dormir. Apaga tu celular. Apaga tu ordenador y deja que tu mente empiece a relajarse. Tal vez el ejercicio de relajación mencionado en este libro te ayude a retomar el sueño que necesitas, pues es algo vital.

Si no duermes lo suficiente, no podrás aprovechar al máximo tu meditación. Estos son algunos otros aspectos que podrían estar afectando tu sueño:

- **Tomar té o café por las noches.**
- **Cenar muy tarde.**
- **Tratar de resolver los problemas por la noche.**

De hecho, cuando duermes lo suficiente, te das cuenta de que resolver esos problemas se vuelve más fácil y natural, pues tu mente está en mejores condiciones para procesar la información. Así que, deja de decirte que no necesitas dormir. Todos lo necesitamos, y ese sueño te ayudará a llevar una vida más feliz y sana.

Capítulo 6 - ¿Cuándo solemos evitar la Meditación?

"Nos moldean nuestros pensamientos. Aquellos con mentes libres de pensamientos egoístas producen alegría cuando hablan o actúan. La felicidad los sigue como una sombra."
~ Buda

Esta cita nos hace pensar en que, realmente, somos lo que pensamos. De esta forma, si piensas de manera negativa, solo atraerás cosas negativas. Pareciera que las personas con problemas de autoestima vivieran en un mundo lleno de negatividad, dirigida hacia ellos mismos. Quienes tienen problemas con su ego suelen tener pensamientos negativos hacia quienes no cumplen con sus expectativas. Quienes están siempre enojados solo se llenan de pensamientos negativos. De hecho, hay demasiados pensamientos negativos que se pueden interponer con nuestra meditación. Estos son algunos:

- *Enojo*
- *Envidia*
- *Odio*

Si tienes alguna de estas emociones, descubrirás que te resulta más difícil meditar, pues el marco en el que se encuentra tu mente no permite que el positivismo fluya dentro de ti. Es posible que puedas evitarlos por un momento, pero si son muy profundos o si tienes amistades que solo te traen malas emociones, no tardarás en pasar a esos pensamientos negativos que no te permitirán seguir con tu meditación, en vez de enfocarte en lo que deberías. Necesitas tener una mente clara para practicar tu meditación. Te llevará un tiempo lograr esto, pero si aprendes a observar sin prejuicios podrás enfrentarte a la vida de una manera distinta y, por consiguiente, los pensamientos negativos dejarán de formar parte de tus procesos de pensamiento.

Yo nunca me pondría a meditar después de haber tenido una discusión, pues los procesos de pensamiento dentro de tu mente superarán el deseo de concentrarte en tu respiración. De igual forma, si tienes sentimientos negativos sobre ti mismo, no dispondrás de toda la energía que deberías para disfrutar tu meditación. Entonces, debes de elegir un momento de paz para practicar tu meditación. No uno que esté influenciado por aspectos externos que detienen el flujo de energía que debería de resultar de tu meditación.

Momentos del día

No es muy recomendable meditar con el estómago lleno, por lo que no es muy buena idea hacerlo inmediatamente después de comer. Ese es momento para la digestión. Puede que sientas gases o que descubras que tu cuerpo no se siente tan cómodo como lo está después de la digestión o de haberte ejercitado un poco.

Las mañanas suelen ser un muy buen momento para meditar y muchas personas eligen hacerlo al amanecer, pues es un momento inspirador. El momento en el que el sol empieza a elevarse en el cielo, es un momento de esperanza, de espiritualidad y muy inspirador para que practiques tu meditación. Sin embargo, este no será tu mejor momento si no te gusta despertarte temprano. Cuando medites de manera constante, te darás cuenta de que puedes cambiar tu perspectiva, empezando a apreciar las mañanas, pues tu entusiasmo por la vida puede hacer que te despiertes temprano, ¡intencionalmente!

El atardecer también es un buen momento, pero asegúrate de que ya haya pasado tu proceso de digestión o de hacerlo antes de cenar para evitar problemas digestivos. Toma mucha agua para ayudarle a tu digestión y para desechar impurezas.

Las bebidas en general

Tomar demasiada cafeína no es bueno. Te

pone mucho más nervioso y tenso, pero eso no es todo. Tomarla en exceso incluso podría hacerte regurgitar, provocando una reacción llamada hernia de hiato. Esto no dejará que te relajes como podrías, si no hubieras abusado en su consumo. Si vas a tomar café por la tarde antes de tu meditación, que sea descafeinado.

Lo mejor es tomar cualquier bebida que te ayude a eliminar las toxinas, como el té de ortiga o el té verde, que son lo mejor que puedes usar cuando meditas, ya que también te ayudan a abrir los puntos de energía en tu cuerpo y a deshacerte de todas las toxinas que puedan bloquear ese flujo de energía entre un chakra y otro.

Reconoce tus puntos de quiebre

Si de verdad quieres meditar para que tu vida se vuelva más gratificante y satisfactoria, es recomendable que lo hagas cuando tu mente esté clara. Si sufres de depresión, pero aún así quieres meditar, deberías de hacerlo en compañía de otras personas que puedan ayudarte a superar esa depresión. Si tratas de hacerlo solo, podría ser que solamente termines profundizando tu depresión. En estos casos, yo recomendaría la práctica de la atención plena antes de empezar a meditar, ya que esto te ayudará a deshacerte de esos sentimientos de depresión y reemplazarlos con algo mucho más fructífero, como la esperanza. Si este es tu caso, entonces realiza esta práctica cada día como se explica en el capítulo que habla de la atención plena, antes de que intentes profundizar en cualquier tipo de meditación.

Te sorprenderías al saber que hay personas que usan su depresión para mantenerse en un estado mental al que ya están acostumbrados. Es como un círculo vicioso. Están acostumbrados a la depresión y le tienen un poco de miedo a la alegría, pues creen que si llegan a tener un poco de ella el destino se las quitará. Claro que si nuestro estado mental es normal no pensamos de esta manera, pero las personas negativas se alimentan de su depresión y se aferran a ella por la costumbre. En casos como este, en los que hayas sufrido de depresión por mucho tiempo, intenta probar con la meditación de caminatas, que te permite liberar tu energía mientras meditas. También podrías probar los ejercicios que mencionamos en la sección de la atención plena, antes de intentar con otros ejercicios de meditación que podrían tener efectos negativos.

Ejercicio y meditación

Nunca intentes meditar inmediatamente después del ejercicio, a menos que esté relacionado con el yoga o alguna práctica de esta índole. No solo estarías llegando a tu sesión de meditación con un exceso de energía, sino que ese exceso no te permitirá tranquilizarte lo suficiente como para aprovechar tu práctica.

La negatividad y la meditación

Si te estás forzando para meditar, lo más seguro es que no obtengas nada bueno de esta experiencia. Nunca debes de forzarte a hacer algo que no te resulte natural o con lo que no te sientas bien. Si tienes que alejarte, no hay nada de malo en ello. Debes de entender que no es un deporte. No hay resultados buenos o malos. Si te propones metas que no son razonables, no tendrás éxito, pues la meditación solo se trata de alcanzar la paz y el entendimiento interior. Si tratas de agrandar esto, te estarás predisponiendo al fracaso.

Capítulo 7 - Un poco de Ayuda para Empezar a Meditar

"Es esencial dedicar media hora al día a la meditación, salvo cuando uno está muy ocupado; Entonces hace falta una hora entera."
~ *San Francisco de Sales*

Cada quien elige con qué quiere acompañar su meditación. Pero he decidido mencionar algunas opciones aquí, pues creo que podrían ser muy útiles. Yo, por ejemplo, utilizo un cojín especial para meditar que me ayuda a mantener mi espalda recta y hace que me sienta más cómodo.

El Zafu – Este es un cojín muy útil para los principiantes. No solo te ayuda a que tengas una buena postura para meditar, sino que también le da soporte a tu cuerpo. Si no estás convencido de gastar tu dinero en algo como esto, puedes usar cualquier cojín firme, pero de preferencia que tenga la forma circular de un Zafu, pues esto le da suficiente espacio a tus piernas y te brinda comodidad. Si no estás acostumbrado a sentarte con las piernas cruzadas, con esto elevas el coxis y te resultará más fácil doblar las rodillas y cruzar los tobillos. Esta es la postura normal para principiantes. Conforme vayas adquiriendo fuerza y flexibilidad podrás intentar el loto completo. Si no te resulta lo suficientemente sencillo, no lo intentes. Podrías lastimarte. Utilizar un Zafu significa que tienes una postura correcta. Tu espalda está recta y con la fuerza suficiente para mantenerte en esa posición durante toda tu práctica de meditación.

Mala – Esto es una sarta de cuentas esféricas que se utiliza durante el proceso de meditación. Seguro te preguntarás para qué se utilizan las cuentas. En realidad, no a todos le gusta tener que contar mientras meditan y sienten que el movimiento de las cuentas por los dedos alarga su proceso de meditación. Es como si estuviéramos midiendo algo, y podemos calcular su longitud pasando nuestros dedos por las cuentas, desde un extremo al otro, contando el tiempo. Una vez que sabes cuánto tiempo te toma podrás estar al pendiente de la duración de tus sesiones de meditación, sin tener que recurrir a medios externos. También puedes utilizar estas cuentas para relajarte cuando sientas algo de estrés. Simplemente pásalas por tus manos.

Si quieres hacer un altar o consagrar un cierto espacio para tu meditación y para enfocarte mejor en lo que haces, puedes incorporar velas, una manta Vajra y una estatuilla de Buda. Esto no es necesario, pero puede que te sea de ayuda, pues son objetos que te recuerdan tu responsabilidad con la meditación constante. También hay personas que utilizan varillas de incienso y música de relajación previo a su meditación. Es algo muy personal.

Lo que sí necesitas hacer, es usar ropa cómoda que no esté muy apretada. Te darás cuenta de que la vestimenta cómoda también forma parte de los recursos que acompañan a la meditación, pues te ayuda a que te enfoques en ella, en lugar de usar ropa que detenga el flujo de tus pensamientos.

Un tazón cantador – Yo mismo utilizo uno de estos para mis cantos durante la meditación. Es un tazón muy sencillo y pequeño, y cuando utilizas el mazo de madera, el tazón canta un tono maravilloso que utilizo para ajustar mi propio canto al tono adecuado. Esto puede ser de gran inspiración. Incluso si no lo usas para meditar puede ser una gran adición a tu espacio de meditación, pues puedes introducir sus sonidos en un momento de calma y sentir esa emoción espiritual a través de ti. Es como una especie de conexión entre el arte de la meditación y tú, y te ayuda a tranquilizarte y entrar en sintonía previo a tu meditación. El tazón cantador suele venir con un cojín que protege el metal, de manera que el único sonido que produzca sea el canto que se debe de escuchar. También evita que el tazón produzca un sonido metálico al chocar con otras cosas, interfiriendo con tu relajación.

Es cierto que los mojes budistas son capaces de meditar sin utilizar nada de esto, pero recuerda que la mayor parte del tiempo se encuentran en un ambiente lo suficientemente inspirador, que se vuelve su altar y sus acompañamientos. En nuestras casas no solemos tener este tipo de ambiente y estímulo, por lo que es de mucha ayuda crear esa atmósfera de calma en el espacio en el que practicas tu meditación. Yo también utilizo pantuflas de tela, pues son cómodas, fáciles de usar y vivo en un lugar frío. Sin embargo, si tienes el beneficio de vivir en un lugar cálido, estar descalzo es lo mejor. Desde otra perspectiva, también es una buena idea tomar clases con algún maestro que te ayude a empezar con tu camino. Esto te dará la disciplina de asistir a clases y comenzarás a practicar entre ellas para poder aprovecharlas al máximo y hacer que tu maestro se sienta orgulloso con tu postura perfecta, la mejora en tu método de respiración y tu habilidad para concentrarte y meditar. Es por ello que muchas de las personas que practican la meditación van a retiros, para aprender sobre sus diferentes matices con expertos.

No es obligatorio que te busques algún instrumento que te ayude a empezar a meditar, pero definitivamente te muestran el compromiso que estás dispuesto a tomar, haciendo que te lo tomes con más seriedad para alcanzar tu objetivo. Por ejemplo, si tienes un espacio dedicado a la meditación, lleno de cosas que te inspiran, es más probable que lo consideres una parte importante de tu día a día. Algunos incluso tienen altares como un estímulo para su práctica meditativa.

Capítulo 8 - Meditación de Yoga para Principiantes con instrucciones completas

"El ayer no es mas que el recuerdo de hoy, y el mañana es el sueño de hoy."
~ KhalilGibran

Meditación de Yoga

Este método es bastante recomendado, ya que en todas partes hay clases de yoga. El yoga está adquiriendo cada vez más popularidad, pues las personas lo practican para mantenerse en forma y para encontrar ese balance entre cuerpo y mente del que todos hablan. Si sientes que te estancaste o que no estás haciendo las cosas correctamente, con el yoga cuando menos puedes unirte a una clase con personas que también quieren aprender esta técnica y mantenerse en forma al mismo tiempo, pues el yoga te ayuda a sentirte mejor en ambos aspectos.

Para este tipo de meditación, siéntate sobre un cojín pequeño en el piso y cruza tus piernas doblando las rodillas. De momento, no es necesario que acomodes tus pies en posturas más complejas. La Flor de Loto es una postura para estudiantes muy avanzados con mucha más flexibilidad. Lo más importante es que estés cómodo y que tu espalda esté recta. Levanta un poco el mentón para abrir tus vías respiratorias. Tal y como lo hicimos en el ejercicio del capítulo que hablaba sobre la respiración, debes enfocarte en ella, pero esta vez, cuando termines de exhalar cuenta hasta 10. Cuando llegues al 10, cuenta de manera regresiva hasta el 1. Esto no se trata de confundirnos con los números. Solo se trata de contar.

Cuando estés listo, cierra tus ojos, inhala y siente como el aire entra a tus pulmones mientras cuentas hasta 7, luego sostén tu respiración hasta que llegues al 9 y exhala por la nariz hasta llegar al 10. Te preguntarás cómo es que exhalamos más aire del que inhalamos, pero este balance te ayuda a calmarte y sentir tu respiración viniendo desde el área del abdomen. Es posible que toda tu vida te hayas estado hiperventilando, y esto te ayudará a recuperar el balance.

Exhala contando hasta 1. Repite el proceso, pero esta vez, exhala contando hasta 2, y así sucesivamente hasta que exhales durante 10 segundos. Si en algún momento de la meditación tu mente se ve invadida por pensamientos externos, vuelve a empezar. Tu concentración debe estar enfocada solo en tu respiración.
Debes de empezar a practicar esto con una buena actitud, cuando te sientas listo. Es decir, elige un momento en el que no tengas que estarte preocupando por el teléfono o por lo que sucede a tu alrededor. Trata de que cada sesión se igual.

- Usa ropa cómoda - Que no sea muy apretada.
- Siéntate correctamente, bien plantado, con la espalda recta y el mentón ligeramente elevado para abrir las vías

respiratorias.
- Cuando te sientas cómodo, junta los dedos de en medio con tus pulgares y coloca tus manos sobre tus rodillas mirando hacia arriba. Esto hace que estés bien arraigado al suelo y te mantiene en la posición correcta durante tu meditación.
- Empieza a inhalar y exhalar de manera consciente para tranquilizar tu pulso. Concéntrate solo en tu respiración.
- Ahora, empieza a inhalar y exhalar con los ojos cerrados, enfocándote en tu respiración.
- No pienses en nada más - Concéntrate en esa energía que entra y sale de tu cuerpo. Visualízala en forma de energía sólida.
- Siente como el aire entra a tu cuerpo y llega a tus pulmones.
- Siéntelo dentro de tu cuerpo, porque cuando sostienes la respiración por un momento, permites que circule y haga su trabajo.
- Siente como sale de tu cuerpo y siempre procura exhalar unos segundos más de lo que te tomó inhalar.

- Mientras exhalas, cuenta hasta uno. Repite todo el proceso y así sucesivamente hasta llegar al 10. Luego cuenta de manera regresiva hasta el 1. Se utiliza este sistema tan sencillo para que no tengas que prestarle demasiada atención.

Conforme vayas avanzando y mejorando tu capacidad de concentrarte en tu respiración, podrías empezar a utilizar la sarta de cuentas en lugar de contar. De igual forma, tienes que avanzar con las cuentas, llegar al final y regresar.

Si empiezas a pensar en algo más, a parte de tu respiración, tienes que volver a empezar. Si te sientes muy alterado o estresado, no es el mejor momento para meditar. Tienes que hacer que el mundo se detenga, asegúrate de que tu teléfono esté apagado y que el espacio en el que te encuentres tenga una temperatura agradable. Si tu mente empieza a divagar, no estarás los suficientemente relajado. En ese caso, valdría la pena que pruebes con el ejercicio de relajación que te mostraré a continuación, antes de que vuelvas a intentar meditar.

Relajación - Previo a la meditación

Asegúrate de estar en un lugar con una temperatura agradable y de contar con una cama que le dé un buen soporte a tu cuerpo. Acuéstate de espaldas y utiliza una almohada para abrir tus vías respiratorias. Coloca una mano sobre la parte superior de tu abdomen. Velo como un entrenamiento para respirar y relajarte, ya que ambos son elementos muy importantes en la meditación. Ponemos la mano en esta posición para que puedas sentir como se eleva la parte superior de tu abdomen con tu respiración.

Ahora, concéntrate en los dedos de tus pies. Apriétalos y asegúrate de sentir esa tensión. Luego relájalos y siente como se van volviendo más y más pesados. Toda tu atención debe de estar enfocada en tu cuerpo, o específicamente en la parte del cuerpo con la que estés trabajando. Sin pensar en influencias externas. Por lo que, si hay algún ruido que pueda desconcentrarte, trata de apagarlo antes de empezar con el ejercicio.

Ahora, repite el proceso subiendo por todas las partes de tu cuerpo. Aplica tensión, siéntela, suéltala y siente el peso de tu cuerpo relajado, parte por parte. Te recomiendo seguir el siguiente orden:

Dedos de los pies, plantas de los pies, talones, tobillos, pantorrillas, rodillas, muslos, cintura, pecho, hombros, dedos de las manos, nudillos, muñecas, antebrazos, brazos, cuello y al final todas las partes de tu rostro. Todo esto es con el fin de que te relajes por completo. Si eres nuevo con esto de la meditación y te distraes muy fácilmente, estos ejercicios previos a tu meditación te ayudarán a estar más relajado y a que seas menos propenso a perderte en esos pensamientos que afectan tu sentido de bienestar y relajación. Esto significa que estarás en las mejores condiciones para meditar.

Más ideas de relajación que te ayudarán con la meditación

Si tienes música relajante, no hay razón para que no te recuestes en un cuarto oscuro y te sumerjas en ella. Hay discos especiales, enfocados en la relajación que cumplen muy bien con ese propósito. Es normal que estando en un mundo con tantas presiones, nos resulte muy difícil dejar ese ambiente complejo en el que tu mente está sobrecargada y desconectarnos en un instante. Acostumbrarse a esa transición toma algo de tiempo. Si de verdad quieres aprovechar al máximo tu meditación y beneficiarte de ella, debes de estar relajado para tener un mayor incentivo y una mejor capacidad para concentrarte en tu meditación sin que nada se interponga.

Conforme vayas adquiriendo experiencia, te darás cuenta de que no es preciso que utilices estos estímulos para concentrarte y que, en realidad, podrías incluso meditar en un lugar público, pues tendrás la habilidad de concentrarte en tu interior y de bloquear todos los estímulos a tu alrededor. Sin embargo, como principiante, necesitas esa ayuda extra que hará que te relajes antes de empezar.

Ejercicios enfocados en la postura para personas que tienen problemas de movilidad

Existe una sesión en particular que es muy útil para tu práctica de meditación, en caso de que tengas este tipo de problemas. Si nuestros chakras están bloqueados no seremos capaces de concentrarnos en nuestra meditación. En términos simples, esto significa que no hay un flujo libre de energía entre los diferentes puntos que hay en nuestro cuerpo. Esto podría ser causado por artritis, fibrosis, entre otras enfermedades. Sin embargo, no creas que esto te impedirá aprender a meditar. Los ejercicios que mencionaré a continuación te ayudarán a mejorar tu postura y a liberar el chakra ubicado en la base de la espina dorsal, el chakra ubicado a la altura de los hombros y el chakra ubicado a la altura del cuello; estas son áreas con tendencia a presentar incomodidad, dolores y dificultad de movimiento.

Este ejercicio también podría serle muy útil a personas que sufren de mucho estrés, ayudando a que alivien esa tensión acumulada en el área del cuello y permitiendo que la energía fluya mucho mejor a través de estos chakras o puntos de energía.

Acuéstate de espaldas. Para este ejercicio, enfocaremos nuestra atención en otro tipo de respiración. La respiración te ayudará a corregir la postura de tu columna, y a pesar de que no podrás notar los beneficios de manera inmediata, si lo practicas antes de cada sesión de meditación notarás una mejoría en tu movilidad y tu postura. La postura es algo muy importante en todos los tipos de meditación y te ayuda a que se vuelva mucho más efectiva.

Inhala por la nariz y siente como el aire llega a la parte superior de tu abdomen. Coloca tu mano sobre tu pecho y presiona un poco, al mismo tiempo que exhalas por la boca. Si esto te resulta doloroso, aplica un poco menos de presión. No se trata de lastimarte, sino de alinear tu columna. Los osteópatas o quiroprácticos suelen utilizar este método para recordarle a tu columna su postura original. Tú puedes realizarlo por tu cuenta, siempre y cuando te detengas si te llega a doler. No debes sentir dolor alguno. Solo se trata de hacer que tu columna se alinee correctamente. Una de las razones por las que puede resultarte incómodo, es porque seguramente a lo largo de tu vida has realizado movimientos que han terminado por desalinear tu columna. Claro, tu cuerpo todavía funciona, pero con este ejercicio tus músculos comenzarán a moverse y obligarás a tu columna a tomar su postura correcta. Esto es muy bueno para las personas que sienten muy tensos los músculos detrás del cuello y en el área de los hombros.

Debes de repetir este ejercicio todos los días por aproximadamente 20 minutos. Podrías incluso hacerlo por las mañanas antes de levantarte. Para llegar a un nivel más avanzado, repite el mismo proceso de presionar tu pecho mientras exhalas por la boca, como si estuvieras soplando, pero alzando las rodillas. De igual forma, reduce la fuerza en la presión si empiezas a sentir dolor. No presiones de más a tu cuerpo. Continúa con este ejercicio hasta que te sientas más relajado y listo para moverte. Esto es de gran ayuda para tu meditación, pues relaja tus músculos y libera el estrés de tu cuerpo que afecta tu postura.

La postura es el elemento más importante en la meditación budista, incluso si decides meditar sentado en una silla. En ese caso, asegúrate de que el respaldo de la silla le dé un buen soporte a tu cuerpo, y de preferencia, que no tenga un cojín incluido para que forme un ángulo completamente perpendicular entre la base y el respaldo. Esto no evitará que puedas alcanzar el mismo nivel de iluminación que quienes practican en la postura tradicional.

La meditación de yoga es una de las más populares; es por ello que es la primera que menciono. Seguro que podrás encontrar a alguien que de clases que combinen el yoga con la meditación. Si sientes que no puedes hacerlo por tu cuenta, estas clases podrían darte el estímulo necesario para practicar tu meditación de manera constante. Te encontrarás con personas que tienen las mismas dificultades que tú, de manera que podrán apoyarse entre ustedes. Otro punto a favor es que contarás con un maestro profesional que estará ahí para ayudarte con tu postura y tu meditación.

La combinación del yoga con la meditación siempre será algo beneficioso. El yoga te ayuda a tonificar tu cuerpo y mejora tu movilidad. También ayuda a que tus chakras se mantengan libres, de manera que la energía pueda recorrer todo tu cuerpo. Eso hace al yoga un gran complemento.

Existen muchísimos grupos y retiros para la práctica del yoga y es muy posible que te topes con maestros que te ayudarán con el proceso de calmar tu mente para este tipo de meditación. Recuerda, no lo pienses demasiado. El objetivo de estos ejercicios, como contar tus respiraciones o respirar de manera correcta, es que te ayuden a indagar en tu mente, dejando de pensar demasiado las cosas.

Si sientes que este es el tipo de meditación adecuado para ti, repasa las instrucciones una y otra vez hasta que te las sepas de memoria. Asegúrate de estar sentado correctamente, y si sientes cualquier dolor durante tu meditación por haber estado sentado en la misma posición durante mucho tiempo, lo mejor que puedes hacer es observar ese dolor, haciéndote consciente de él, pero no cambies de posición solo por tener un poco de incomodidad. Continúa con tu meditación y el dolor desparecerá, pues mientras más practiques más disciplina tendrás.

Si te resulta muy complicado sentarte sobre un cojín o un tapete de yoga, aún puedes meditar. Solo recuerda nunca hacerlo en una de esas sillas que son muy cómodas para otras ocasiones, pero que hacen que tu espalda se encorve. Todos esos elementos que son importantes en los diferentes tipos de yoga son igual de importantes en la meditación de yoga.

<u>La postura es el más importante y siempre debe de respetarse.</u>

Capítulo 9 - Meditación con Mantras, con instrucciones para su realización

"La meditación es la lengua del alma y el lenguaje de nuestro espíritu."
~ Jeremy Taylor

Este tipo de meditación funciona muy bien con muchos principiantes, pues el canto te aleja de otros pensamientos. A algunas personas les resulta un tanto vergonzoso usar un canto, por lo que prefieren utilizar otro tipo de meditación. Sin embargo, si tu mente suele divagar mucho, usar un canto podría ayudarte mucho. Si lo intentas, verás cómo funciona. Canta alguna nota en voz alta y verás que empezarás a concentrarte en ella, en vez de pensar en cualquier otra cosa. Es un principio muy sencillo. Se trata de darle algo a tu mente en lo que se pueda concentrar, para que le resulte más sencillo eso de no pensar en nada durante el proceso de la meditación.

Este tipo de meditación se realiza estando

en la misma posición que mencionamos anteriormente; sentado con las rodillas dobladas y los pies cruzados. Esto respalda la idea de tener una postura perfecta, pues es la única manera de abrir los puntos de energía en el cuerpo; tal y como se explicó previamente. También debes de utilizar ropa cómoda, que no te cause distracción alguna. Si esta posición te resulta muy complicada, puedes utilizar una silla, siempre y cuando te asegures de que sea firme y te dé un buen soporte. Mantén tus pies firmes sobre el piso y coloca tus manos sobre tus piernas. La palma de la mano con la que tengas más fuerza debe de estar mirando hacia arriba y la otra debe de colocarse encima de ella.

Si practicas este tipo de meditación con algún maestro, lo más seguro es que utilicen un canto personalizado, pero en este caso te recomendamos utilizar el inconfundible sonido del "Om", pues ayuda a que tus labios se acomoden perfectamente para producir el sonido del canto de manera correcta. Si tienes un tazón cantador puedes utilizarlo para establecer el tono de tu canto. Inténtalo. Canta la palabra "Om" y mantén tu canto tanto como tu exhalación te lo permita. Luego, inhala.

El hecho de que el canto sea con una palabra que no tiene significado alguno tiene su razón de ser. Si usáramos una palabra con significado, nuestra mente empezaría a divagar con respecto a el, escapando del silencio que la meditación debería de darle al cerebro. Si algún gurú te otorga algún mantra personal, este se basará en la fecha, la hora de tu nacimiento y otros aspectos personales.

El propósito es cerrar todas esas cajas llenas de pensamientos que tenemos en el cerebro durante la meditación, y el canto que utilices puede ser tan simple como el "Om" que te hemos recomendado. Antes empezar, practiquemos el canto. El canto debe de venir de tu abdomen y subir hasta llegar a tus labios. Debe durar tanto como tu respiración te lo permita, manteniendo los labios ligeramente separados. Inténtalo. Si lo haces correctamente, sentirás un pequeño cosquilleo en tus labios. Si no es así, separa un poco más tus labios hasta que lo sientas. La nota debe durar tanto como tu exhalación te lo permita. Repite el proceso en el resto de tus exhalaciones. Estas son las instrucciones:

Utiliza ropa cómoda, que no te restringa en ningún sentido.

Lo mejor es estar descalzo, para que tus pies tengan más flexibilidad.

Colócate en tu posición de meditación, ya sea sentado sobre un cojín o en una silla.

Junta las palmas de tus manos, de manera que tus pulgares se toquen. Tu mano con más fuerza suele ir debajo para darle un buen soporte a la otra. No tienes que apretar tus manos, solo se trata de que una descanse sobre la otra, mientras que ambas descansan sobre tus piernas.

Si decides utilizar una silla, pues te resulta más cómodo, asegúrate de que sea firme y de que le dé un buen soporte a tu espalda sin que esta se incline hacia atrás.

Asegúrate de que tu espalda esté recta, sin encorvarse.

Puedes practicar este tipo de meditación con los ojos cerrados o abiertos, pero a los principiantes les resulta mejor hacerlo con los ojos cerrados para evitar distracciones. Además de que te ayuda a entender el concepto principal de la meditación; mirar hacia adentro. Dejamos de buscar distracciones externas. Dejamos de buscar cualquier estímulo. Empezamos a buscar dentro de nosotros junto con esa concentración en el canto.

Ahora sí, prepárate para la meditación

En este tipo de meditación es muy común mencionar alguna afirmación antes de comenzar. Esto no es obligatorio, pero es una forma de recordarnos la seriedad que le damos a la meditación y nos ayuda a preparar la mente para la sesión. En caso de que vayas a utilizar un tazón cantador para establecer el tono de tu mantra, es necesario que lo tengas a la mano para que no tengas que estirarte demasiado y que no te tome mucho tiempo volver a colocar tus manos en la posición adecuada. Esa afirmación que te dices a ti mismo al principio de tu meditación se llama "resolución", y puede ser algo tan sencillo como: "Haré esto con el fin de liberar a mi mente y abrirme al entendimiento." Esto sería suficiente, pero puedes crear tu propia resolución; una que sea más personal.

Tu respiración es muy importante durante el transcurso de tu meditación, pero esta vez no nos enfocaremos en ella. Nos enfocaremos en el mantra. Inhala por la nariz y siente esa respiración dentro de tu cuerpo. Luego, canta tu mantra al mismo tiempo que exhalas. Siente el cosquilleo en tus labios y concéntrate en el canto del mantra, luego en la respiración y otra vez en el mantra. Empezarás a tomar un cierto ritmo, y de eso se trata la meditación en la mayoría de las ocasiones. El flujo de energía - el ritmo - la respiración - la postura.

Alternativas para este tipo de meditación

A algunos les funciona mejor hacer este tipo de meditación con los ojos abiertos, enfocándose en un punto fijo. Los mandalas y diseños espirituales suelen ser muy útiles para esto. Incluso podrías tener una estatuilla de Buda para inspirarte. Intenta hacerlo con los ojos abiertos, pero si decides tener un punto fijo, no alejes tu vista de ello para que te mantengas enfocado. Una vez que te hayas decidido por algún objeto en específico, asegúrate de que se encuentre a una altura adecuada para que no tengas que esforzarte en verla. Por ejemplo, si vas a colgar un mandala, este debe de estar a la misma altura de tus ojos para que no tengas que mirar hacia arriba. Sin embargo, si tienes problemas para mantener tu cabeza ligeramente elevada durante la respiración, entonces podrías colocarlo un poco más elevado como ayuda.

Expansión y reducción

Con este tipo de meditación, como en muchos otros, notarás que con la inhalación a través de tu nariz tu abdomen se expande para luego reducirse conforme a tu respiración. Esto es normal. Debes cantar junto con tu exhalación y notarás que esto involucra un cierto movimiento en tu abdomen, el cual forma parte de tu ciclo de respiración. Esta expansión y reducción te ayudan a mantener el ritmo de tu canto y a mantenerte enfocado, lo cual es muy importante en la meditación.

Si prestas atención a estos movimientos, verás que en realidad no te estás enfocando en tu cuerpo físico, sino que más bien, te enfocas en el movimiento o el ritmo de tu cuerpo que acompaña al canto de tu mantra. Cuando los mantras se cantan en grupo se genera una cierta fuerza en la energía, haciendo que las personas tengan una cierta percepción espiritual, dejándose envolver por ese mantra y todos los movimientos corporales que conlleva. Esto es de mucha ayuda en el proceso de meditación, pues te atrae a ella en vez de luchar contra ella.

La mejor manera de practicar esto es cantando solamente durante la exhalación. Para que no haya confusiones. Respira de la misma forma en la que lo hiciste durante la meditación de yoga, de manera consciente con la inhalación, manteniéndola por un momento y exhalando, solo que esta vez cantarás un "om" que dure toda esa exhalación. Este es el ritmo al que debes de prestarle atención. El canto hace que a tu mente le resulte muy difícil empezar a divagar. El canto se apodera de tu concentración, así que si te resulta complicado desconectar todos los problemas de tu mente, esta es la mejor forma para que practiques tu meditación. Hay a quienes les parece un poco absurdo esto de meditar con mantras. En este caso, practicarlo en privado podría ser una buena opción. Una vez que pasas ese sentimiento inicial de rareza deja de parecer vergonzoso y, al contrario, te acostumbras a esa ayuda que le proporciona a tu desarrollo personal.

Ambos métodos pueden practicarse por 15 minutos en un principio. Una vez que seas capaz de meditar sin que se interponga ningún pensamiento en tu mente, podrías aumentar el tiempo de esta práctica. Media hora para un nivel intermedio y 45 minutos cuando domines la práctica. Pero no te precipites. Es necesario que esta práctica se haga a la perfección, y 15 minutos de perfección es mucho mejor que media hora de una meditación en la que te sigas perdonando la interrupción por pensamientos externos.

¿Por qué es importante ponernos un límite?

Ponernos un límite evita que entremos en un estado de aburrimiento con respecto a nuestra práctica, además de que si nos establecemos una meta que sea factible podremos aprovechar mejor el alcance de nuestros logros en lugar de estarnos forzando a meditar por más tiempo del necesario. En vez de preocuparte por si estás meditando correctamente, dedícate solamente a cantar y a meditar por aproximadamente media hora, en un principio. Ya podrás aumentar este tiempo de manera que se ajuste a tu habilidad para permanecer en un estado de meditación.

Consejos que te ayudarán con tu meditación con mantras

Hay ciertas cosas que puedes hacer en tu día a día para mejorar tus técnicas de meditación. Por ejemplo, si estás escuchando música, de verdad escucha. Trata de entender la letra y pon atención a los ritmos. Hay una razón para ello. Esto hará que dejes de pensar en otras cosas, reduciendo tu nivel de estrés y enseñándote los beneficios de desconectarte de cualquier pensamiento negativo que puedas tener. Eso siempre será beneficioso.

Otras de las cosas que puedes hacer son los ejercicios mentales que te permiten concentrarte y que te mantienen interesado. Por ejemplo, los crucigramas o los rompecabezas te preparan para la meditación, pues hacen que te enfoques en una sola cosa.

Trata de no pensar en nada más mientras realizas estas actividades. Deja que ese rompecabezas se vuelva tu centro de atención. Necesitas moldear a tu mente para que piense de la misma forma en la que lo hace durante la meditación. No es suficiente decirte que no pienses en nada más mientras meditas, pero si desarrollas esta habilidad en otras áreas de tu vida, verás que te resultará mucho más natural al momento de meditar.

Identifica el objetivo principal de la meditación

Nunca te olvides del objetivo principal. Desconectar tu mente y darle la libertad para explorar su conexión con el cuerpo. Esto te ayuda a recuperar el balance dentro de ti y a que te acerques más a la espiritualidad.

Si tienes esto muy claro, podrás reconocer el segundo objetivo: identificar esa parte que debes desechar e ignorar. Si escuchas ruidos externos o tu cuerpo está incómodo por haberte sentado incorrectamente mientras meditas, esos son los objetivos secundarios que debes dejar de lado para seguir con el objetivo principal.

El nivel de concentración que aprendes durante la meditación es tan importante como los beneficios que trae el reducir tu presión arterial, permitiéndole a tu cuerpo que siga con la vida, por más estresante que sea. Si tienes dificultades con este tipo de meditación, trata con los ejercicios de relajación previos a la meditación que mencionamos en el capítulo anterior. Esto podría hacer que llegues al estado mental necesario para meditar.

Capítulo 10 - Meditación mientras caminamos

"Del mismo modo en que tesoros se descubren de la tierra, la virtud se aparece de las buenas acciones y la sabiduría aparece de una mente pura y pacífica. Para caminar con seguridad a través del laberinto de la vida humana, uno necesita la luz de la sabiduría y la guía de la virtud."
~ Buda

Particularmente, esto aplica a todos aquellos que tienen un exceso de energía mental. Esto podría interponerse en otros métodos de meditación o puede que te den ganas de meditar en pleno transcurso del día sin contar con el espacio ideal. Mientras estás sentado, ¿mueves tus pies? ¿Juegas con tus manos? En caso de que sí lo hagas, este tipo de meditación te vendrá mucho mejor. Elige un ambiente pacífico y relajante y ponte de pie con los pies ligeramente separados. Mira hacia abajo para no tener muchas distracciones. Para este tipo de meditación no puedes cerrar los ojos, pues tienes que ver el movimiento de tus pies. Tus brazos los puedes mantener a los lados o puedes unirlos por detrás de tu espalda, pero una vez que hayas decidido su posición, no la cambies.

Puedes utilizar procesos de meditación para acostumbrarte a la posición de tu cuerpo antes de empezar a caminar. Esto hará que dejes de pensar en otras cosas y que encuentres el ritmo del que hablábamos en la meditación con mantras. Por ejemplo, observa como se mueven tus articulaciones al dar un paso. Identifica cada una de las articulaciones de tu cuerpo y su funcionamiento. Se trata de que te olvides de las banalidades del día y te concentres en los movimientos de tu cuerpo.

Inhala por la nariz y empieza a caminar, mantén la respiración y exhala desde la parte superior del abdomen, concentrándote solamente en tu respiración y en el movimiento y el ritmo de tu cuerpo. No dejes que otros pensamientos lleguen a tu mente. Conforme vas caminando en círculos, o en línea recta, sigue concentrándote en tu respiración y en los movimientos de tu cuerpo, pues esto te ayudará a sacar cualquier otro pensamiento de tu mente.

Es posible que te lleguen muchos pensamientos durante este tipo de meditación, pero serán muy notorios. Estos pensamientos no estarán sobrepensando los problemas o meditando sobre las cosas que te fatigan. Simplemente están siguiendo el patrón de los movimientos de tu cuerpo. Siente esa presión en tu tobillo al mover tu pie. Siente el movimiento en tu rodilla. Deja de prestarle atención a las cosas externas, pues este tipo de meditación no se trata de eso. Estás tranquilizando tu mente y concentrándote en el movimiento de tus piernas mientras caminas.

¿Por qué es tan importante esto?

Los niveles de tu concentración son muy importantes para darle a tu subconsciente la oportunidad de participar y ayudarte a resolver tus problemas, cosa que no puede hacer si está lleno de preocupaciones. En la vida diaria, no le damos la oportunidad de echarle un vistazo a nuestros problemas. De hecho, es por ello que el subconsciente trabaja muy bien cuando dormimos. Durante el sueño MOR, tu subconsciente tiene la libertad para bailar, solucionar tus problemas y encontrar soluciones. Puedo demostrarlo con una actividad diaria que te mostrará lo que sucede cuando te relajas. Supongamos que perdiste unas llaves o un documento muy importante. Mientras más te preocupas por ello, más estrés acumulas buscando en los mismos sitios una y otra vez. Cuando eres capaz de liberarte de esos pensamientos y preocupaciones, pareciera que la respuesta aparece de la nada. Así de útil puede llegar a ser nuestro subconsciente si no lo saturamos.

Otra situación que podría sonarte familiar

es cuando no puedes recordar el nombre de algo. Te rompes la cabeza tratando de recordar, pero parece imposible. Y luego, cuando ya no estás pensando en ello, te llega la respuesta. Eso es dejar al subconsciente que busque las respuestas a su propio tiempo, sin que tu ansiedad intervenga.

De esta forma, al enfocarte en el movimiento de tus piernas o en tu respiración, lo que estás haciendo es liberar a tu mente de ese tormento y esa confusión. Sabe en qué debe de enfocar los pensamientos y solamente se concentra en eso. De esta forma, liberarás a tu subconsciente y podrás ver las cosas con mucha más claridad. Estas son las situaciones en las que ayuda este tipo de meditación:

- Justo antes de presentar algún examen.
- Justo antes de hablar en público.
- Cuando no conoces la respuesta a un problema familiar.
- Si cualquier cosa te provoca un exceso

de ansiedad.

Lo que hace es quitar toda la negatividad para que el positivismo que obtengas te permita resolver cualquier problema que se te presente.

Ejercicio para meditar mientras caminas

Para este ejercicio, asegúrate de que usar ropa que no te apriete demasiado. Si lo haces dentro de la comodidad de tu hogar, puedes hacerlo descalzo. Antes de empezar a meditar, realiza algunos ejercicios de respiración al aire libre. Puede ser en el jardín o simplemente abriendo una ventana. Párate cerca de la ventana con tus pies abiertos al ancho de tus hombros y asegúrate de que estén bien arraigados al suelo. Coloca tus manos a los lados o únelas por detrás de la espalda.

Inhala por la nariz, mantén la respiración por un momento y luego expulsa el aire por la boca. Mientras lo haces, presta atención al movimiento de tu cuerpo. Repite este proceso varias veces, hasta que logres respirar correctamente y estés lo suficientemente relajado como para meditar. Recuerda que la meditación es para estés calmado el resto del día y para tener un mejor entendimiento. Empezar la sesión con una resolución refuerza el propósito de tu meditación. Ahora, empieza a caminar en círculos. No tiene que ser un círculo muy amplio, pero es mejor que lo hagas en un espacio en el que no hayan obstáculos que puedan distraerte.

Recuerda observar el movimiento de tus pies, de tus piernas y concentrarte en esto. Ignora todo lo que esté a tu alrededor. Esto se trata de concentrarse y mantenerse en sintonía con tus movimientos. Puedes tomar pasos moderados, el punto es que no hagas movimientos muy bruscos. Debes de llevar un ritmo que sea relajante. No pienses en nada mas que en tus movimientos.

Mientras continúas caminando, presta atención a tus tobillos, los músculos de tus piernas, el movimiento de tu cuerpo y la fuerza que te dan tus pies. Para que tengas el mejor soporte posible, tus pies deben de estar planos sobre el suelo mientras caminas. Ese arraigamiento de tus pies al tocar el suelo, debe de servir de ancla al dar cada paso, los cuales deben de ser a un ritmo moderado.

Esto es solo una práctica, pero la meditación tiene una postura un poco más formal al respecto. Una postura en la que te estableces un tiempo para meditar y utilizas la caminata para concentrarte solamente en tus movimientos. Esta es una muy buena manera de meditar antes de una reunión o durante el trabajo, para que prepares a tu mente para atacar cualquier problema que se interponga en tu camino. Pensar demasiado en los problemas no hará que sea más fácil encontrar una solución. Identifica el problema y deja que tu subconsciente encuentre una solución mientras meditas.

No solemos darle mucho crédito a nuestro subconsciente, cuando este tiene la capacidad de poner en orden nuestros problemas mientras mantenemos nuestra mente ocupada. Además, el subconsciente no hace el desastre que nosotros hacemos.

El ritmo y el movimiento del cuerpo es repetitivo en este tipo de meditación. Este ritmo es a lo que le prestamos atención y lo que utilizamos como guía. La respiración, en sincronía con tus movimientos, te ayudará a encontrar ese ritmo muy fácilmente. Visualiza todo con un ritmo, después de todo, eso es un movimiento. Aprecia ese movimiento y sus repeticiones. Es como cuando te refrescas con un ventilador. Lo que usamos es el ritmo de ese ventilador. En este caso, estás tratando de alcanzar un estado meditativo y es por ello que los ritmos son tu guía hacia la meditación sin que te distraigas. Los movimientos tienen un orden o una secuencia. Debes de prestarle atención a cada uno de ellos.

- La respiración.
- El movimiento de los pies.
- El flujo de los músculos de las piernas.
- El movimiento de los tobillos.
- La respiración.

Estamos repitiendo un ciclo, pero esa es la intención. Tus pensamientos se limitan a esos movimientos, nada más. Probablemente te sorprendas al descubrir que puedes resolver problemas, que tus sentidos son más agudos y que tienes una mejor capacidad para encontrarle una solución a los problemas de cada día. Seguro que has notado a algún empresario dando vueltas en su oficina. A pesar de que no están meditando, el movimiento les ayuda a aclarar sus pensamientos. Esto es lo que hace la meditación, y de una forma mucho más efectiva.

Si resulta que este es tu tipo de meditación preferido, no tardarás en darte cuenta de que automáticamente utilizarás la meditación para que te ayude durante el día, pues las sesiones no necesariamente tienen un tiempo de duración establecido. Verás que volver a tus raíces y meditar en diferentes momentos del día te llenará de energía. También te ayudará a concentrarte en tareas difíciles, en vez de solo llenarte de preocupaciones por pensar demasiado las cosas.

Capítulo 11 - La Meditación de la Atención Plena y su proceso

Muchos me preguntan cómo se puede meditar y estar consciente al mismo tiempo. El propósito es aclarar la mente. En realidad, los problemas para meditar vienen de un problema de concentración. Como hemos visto, la meditación tradicional viene de la concentración en la respiración. En la meditación mientras caminamos, esto viene de la concentración en el movimiento y el flujo del cuerpo. La respuesta a esa pregunta es que la meditación consciente significa que toda nuestra energía está puesta en un momento en específico. La teoría de la atención plena es que el mañana aún no llega y es posible que nunca llegue. El ayer ya sucedió, por lo que el estado mental que debes tener para este tipo de meditación es justamente lo que su mismo nombre dice. La atención plena del momento presente. De esta forma, verás que tienes algo tangible en qué pensar, no en los problemas o la búsqueda de soluciones.

Este proceso es muy similar a la meditación de yoga, en la que nos concentrábamos en la respiración. La diferencia es que no necesitas estar en una postura en específico, como el loto. Este tipo de meditación puedes practicarlo en cualquier lugar. Ya sea sentado en un avión o esperando a un amigo en una estación. De igual forma, puedes detenerte en cualquier momento del día y simplemente sentarte en una banca. Solo inhala en el momento y exhala, después de haber mantenido la respiración por un momento. Al principio, lo mejor es hacerlo con los ojos cerrados para evitar cualquier distracción y para que utilices tus sentidos para darte cuenta de las cosas que forman parte del momento, como el calor, el ambiente, el clima y sus aromas. Sin embargo, con la práctica podrás hacerlo en cualquier momento e incluso con los ojos abiertos. Se requiere de práctica. Cuando se empieza a intentar hacerlo con los ojos abiertos se suele permitir que los pensamientos empiecen a divagar, pero eso no debe de ser. Recuerda que la base de todo estado de meditación es la concentración y estar completamente presente en el momento.

La atención plena también significa percibir las cosas. Esto te ayuda a estar consciente de cada momento de tu vida y de todo lo que conforma ese momento en el que te encuentras. Por ejemplo, ¿notaste las gotas de rocío en las telarañas esta mañana? ¿Percibiste el olor de las flores en el parque? ¿Viste risas en la mirada de un niño? ¿Te permitiste sentir felicidad por lo que siente tu cuerpo en ese preciso momento? ¿Qué hay de la comida? ¿Te detuviste a masticarla y saborear todas las diferentes texturas? La atención plena se usa en todo momento, para ver el vaso medio lleno y no medio vacío. Así es como verás las cosas si aprovechas al máximo cada momento y le das un valor, en lugar de estar pensando en el pasado, que ya se fue; o en el futuro, que aún no llega.

Consideremos probar la práctica de la atención plena. Para alguien nuevo en eso de la meditación, puede que esto sea lo más fácil. Al igual que lo haces con otros tipos de meditación, prepárate. Eso significa elegir un lugar en el que te quieras sentar y recordarte lo que quieres lograr con una resolución. Lo que buscamos con la meditación es la iluminación, y esta puede tomar muchas formas. Repítete lo siguiente: "Estoy listo para este desafío y para estar presente en este momento de mi vida."

Por ser principiante en este tipo de meditación, te recomiendo que elijas un lugar tranquilo para sentarte y que cuente con aire fresco. Siéntate y asegúrate de que tu espalda esté recta. Si vas a usar una silla, que sea firme, pues toda meditación depende de que los centros de energía conduzcan esa energía. Si estás encorvado la estarás bloqueando. Tienes que prestarle atención a tu postura. Como siempre, usa ropa cómoda que no esté muy apretada. Siéntate con las plantas del pie sobre el suelo para arraigarte bien a este.

Junta tus manos sobre tus piernas. La palma de tu mano con más fuerza debe mirar hacia arriba, y la otra va sobre esta. Junta tus pulgares. Esto evita que estés jugando con tus manos, para que estés bien enfocado. Las personas nerviosas o ansiosas suelen usar sus manos y piernas, moviéndolas para deshacerse de todos estos excesos de energía. Con los pies plantados en el suelo y las manos colocadas de esta manera, no estarás tentado a moverlos.

Empieza a respirar tranquilamente, inhalando por la nariz, manteniendo la respiración por un momento y exhalando, ya sea por la boca o por la nariz. Para esta primera sesión, cierra los ojos para evitar aspectos externos que te hagan pensar demasiado. Ahora, concéntrate en todo lo que estás sintiendo en este momento. Disfruta del calor o escucha la lluvia caer. Trata de utilizar todos tus sentidos para percatarte de todo en lo que este momento consiste. Por ejemplo, captura los aromas que te rodean. Trata de capturar todos los sonidos que escuchas a tu alrededor. El canto de un pájaro, en particular, es algo muy bueno. Por eso recomiendo practicar esta meditación afuera, en el jardín. Hay tantas cosas de las que no solemos darnos cuenta y que pueden estimular nuestros sentidos. De eso se trata la atención plena. Se trata de capturar lo que está sucediendo, aquí y ahora.

Mantente en esta posición, y si empiezas a pensar en cosas del pasado o en lo que tienes que hacer después, detente. Tienes que concentrarte en lo que está sucediendo en el momento presente, sin prejuicios. Tú decides cuánto tiempo dedicarle a esta meditación. Mientras más practiques, empezarás a mejorar, pero tampoco se trata de quedarte mirando algo fijamente sin ningún sentido. Por eso decía que es mejor cerrar los ojos. Intenta hacerlo una hora al día, antes de querer avanzar de nivel a un punto en el que de verdad pondrás a prueba tus sentidos.

La prueba con comida - La atención plena se lleva el dolor del pasado y evita que pienses en el dolor del mañana o en las preocupaciones que puedas tener sobre algo que sucederá. Sería muy bueno que pudieras conseguirte un compañero para la prueba con comida, pero también puedes hacerlo tú solo. Solo que no será tan divertido. Tu compañero debe sentarte frente a ti y tú debes de cerrar los ojos. Frente a ustedes deben haber distintos platillos con diferentes sabores y texturas. Si harás esto con un amigo, asegúrate de que él conozca cualquier alergia o sensibilidad con la comida que puedas tener. Lo último que queremos es que este ejercicio te cause problemas.

Tu amigo te dará algo para que lo comas. Tu tendrás que mantenerlo en tu boca, saborearlo, sentir su textura y enfocarte en masticar lo suficiente. Entonces podrás decir qué fue lo que comiste. Con esto, pondrás a prueba tus papilas gustativas, concentrándote en los sabores y las texturas. Ahora tú dale algo de comer a tu amigo. Si lo estás haciendo por tu cuenta, coloca varios recipientes con comida distinta frente a ti. Pueden ser alimentos muy variados, como lechuga, arándanos, tostones, tomates, rábanos, queso, etc. El punto es que sean lo suficientemente variados como para que se vuelva un reto el descubrir los sabores y los alimentos. La manera en la que masticas al practicar la atención plena te ayuda a digerir los alimentos adecuadamente, algo muy bueno para tu sistema digestivo.

Practica el mismo ejercicio en cada comida. En lugar de tragarla sin saborearla, sé consciente del momento y concéntrate en los sabores, aromas y texturas. Seguro te preguntarás por qué hacemos este tipo de ejercicios, pero lo cierto es que estas son el tipo de cosas que solemos dar por hecho. Forman parte de la vida de todos, pero no les prestamos demasiada atención. Debes de percibir el momento presente, pues si solo pensamos en el ayer o en el mañana en realidad no estamos viviendo. Solo pasamos el tiempo, pero la vida se vuelve mucho mejor cuando aprendemos a valorar cada momento.

Conozcamos un poco más sobre la atención plena

Desde mi punto de vista, es importante que sepas de dónde viene la atención plena, para que no tengas la impresión de que es solo algo que está de moda. Es algo mucho más complejo. Literalmente, hay miles de estudios que han tratado de buscar si hay algo detrás de la idea de estar consciente y si es algo propio del ser humano. Jon Kabat-Zinn llegó a la conclusión de que la atención plena puede describirse como prestar atención y estar consciente. También decía que esto debe de ser sin prejuicio alguno. Lo que pone a la filosofía al mismo novel que el budismo, pues esa observación sin prejuicios permite a los budistas vivir tranquila y pacíficamente.

Se trata de tener el control de todo el parloteo que la mente puede generar. Si te dejaste llevar por ello, sin pensar nunca en la meditación o alguna actividad de este tipo, tu mente hablará consigo misma. A todos nos pasa. Las personas que sufren de estrés hablan consigo mismos sobre los problemas, pero solo logran hacerlos más grandes al estar dando vueltas y vueltas sobre la misma cuestión. El involucramiento de los pensamientos negativos es otro elemento destructivo. Al contrario de lo que se busca, nos llenan de prejuicios y de culpa, ya sea hacia nosotros mismos o hacia los demás. La atención plena reemplaza ese parloteo con algo mucho más positivo que viene de los estímulos externos, sin prejuicio alguno. Notamos las cosas. Las utilizamos para que reemplacen a todos los pensamientos negativos. De esta manera estamos liberando por completo a la mente de la negatividad. Es tan efectivo, que incluso el servicio médico del Reino Unido ha empezado a adoptar esta práctica, en lugar de recetar medicamentos en muchos de los casos de depresión.

¿Hacia quién está dirigida la atención plena?

Eso es lo maravilloso de esta práctica. Todos pueden probarla. Si tienes hijos con problemas de depresión, puedes ayudarlos a ver las cosas de manera distinta, de la misma forma en la que lo harías con un adulto. Solo se debe de cambiar el medio en el que se presenta la atención plena para que sea comprensible para un niño. Puede ser practicada por personas con un alto o bajo coeficiente intelectual, convirtiéndose en una manera universal de ayudar a las personas a lidiar con la ansiedad y aceptar el momento presente.

La Práctica de la Atención Plena

Hay muchas formas de aplicar esto en tu vida que incluso ayudarán con tu práctica de meditación, pues si te acostumbras a pensar de manera consciente, meditar te resultará mas fácil y natural. Debes incluir a la atención plena hasta en lo más básico. Desde que te levantas por la mañana, presta atención a todo lo que sucede en tu vida. Con la atención plena, pude ayudar a un grupo de personas que se preocupaban todo el tiempo a que transformaran su manera de pensar.

Al despertar, en lugar de pensar en lo que tienes que hacer durante el día, simplemente presta atención al momento. Despierta y siente la comodidad de tus sábanas. Mira hacia la ventana, observa los rayos del sol entrando a través de ella y disfruta los sentimientos que esto provoque en ti. Lo mismo sucede si está lloviendo. También hay mucho positivismo en estos momentos. Observar como una gota de agua se resbala por la ventana puede ser muy impresionante. Se pueden ver tantos reflejos a través de esa gota. Este tipo de cosas hacen que aprecies la vida, sin importar las situaciones a las que te puedas estar enfrentando.

Los niños también se vuelven más felices si los llevas a este espacio de consciencia. Nosotros lo intentamos, dándole a los niños actividades en las que tuvieran que prestar atención al momento presente; funcionó. Esos niños ahora saben cómo enfrentarse a los problemas pues son capaces de ver más allá de ellos y dejar que su mente encuentre las soluciones, en lugar de saturarse de preocupaciones. Estas son algunas de las actividades que puedes practicar con ellos:

Oído - Para este tipo de atención plena tienes que introducir sonidos para que ellos te digan cuáles son y en qué los hace pensar. Un día, mi hija me hizo muy feliz al contarme que iba en el autobús escolar cuando, de repente, escuchó un sonido proveniente de otro carro. Ese sonido la hizo pensar en un juego que habíamos jugado, y desde ese momento comenzó a prestarle más atención a lo que sucedía a su alrededor. Esta actividad puede incluir cosas como reproducir una parte de una canción y dejar que traten de adivinar qué canción es a partir de esas notas iniciales. Es divertido, pero también hace que la gente se concentre en el momento presente.

Vista - Notar las cosas a tu alrededor forma parte de la atención plena. Solo se trata de notar las cosas sin tener prejuicios. Por ejemplo, podrías empezar a prestarle más atención a cosas que antes dabas por sentado durante una caminata, juntando pequeñas partes de la naturaleza, de manera que las cosas se vuelvan tangibles o para llevar un poco del exterior al interior de tu hogar. Es algo muy gratificante, y significa que estás usando tu poder de observación para encontrar tesoros que de otra forma hubieran permanecido escondidos. Los niños también utilizaron el sentido de la vista para observar animales en su hábitat natural, algo que los llenó de tanta gratitud que ahora ellos le enseñan lo mismo a sus hijos.

Gusto - Tal y como lo intentamos anteriormente en este capítulo, el gusto hace que pensemos en el momento presente. Puedes traer comida para que las personas la prueben, la mastiquen, sientan su textura y aprecien las buenas cosas de la vida. Comer un poco más despacio es beneficioso en muchos sentidos, pero en la atención plena no solo se trata de ir más despacio. Se trata de reconocer todo lo bueno del momento presente y aprovecharlo al máximo.

Olfato - Esta prueba es muy buena para los sentidos. Así como presentamos diferentes alimentos para la prueba del gusto, hagamos lo mismo con los aromas. Puede ser muy gratificante el que enfoques tus sentidos a tal nivel, que de verdad aprecies lo que sucede en cada momento. Los aromas también pueden hacerte sentir muy bien, tanto que es posible que quieras incluirlos en tu espacio de meditación, pues pueden ser de gran ayuda.

Tacto - Raramente utilizamos el sentido del tacto como debería de ser. Igualmente, junta objetos con diferentes texturas, cierra tus ojos y disfrútalas. Esto puede ser muy enriquecedor. Verás que tu sentido del tacto comenzará a mejorar. Incluso, al comprar ropa nueva, empezarás a sentir la tela, buscando esa suavidad para la piel.

Los expertos tenían razón al decir que la atención plena hace que te sientas bien con respecto a la vida. La atención plena ayuda mucho a tu práctica de meditación, pero también te anima a experimentar con la vida y a apreciar cada momento que se te presenta. Hay una frase del Dalai Lama que se volvió muy famosa sobre la forma en la que ve a la gente vivir sus vidas y lo que le sorprende del ser humano. Estas fueron sus palabras:

"Lo que más me sorprende es el mismo ser humano. Porque sacrifica su salud para ganar dinero. Luego sacrifica su dinero para poder recuperar su salud. Y luego está tan ansioso sobre su futuro que no disfruta el presente; el resultado es que no vive ni en el presente ni en el futuro; vive como si nunca fuera a morir y muere como si nunca hubiera vivido."

Es un pensamiento muy profundo que deberíamos de reflexionar, pues nos explica por qué es tan importante la atención plena para el ser humano. Si estás muy ocupado viviendo en el futuro o en el pasado, el día de hoy pasa en un abrir y cerrar de ojos sin que hayas obtenido nada de él. En el próximo ejercicio verás que puedes utilizar la atención plena en tu vida diaria y que te ayuda a tener una mente más abierta y a que tengas menos prejuicios. Estamos demasiado acostumbrados a criticar. De hecho, la crítica alimenta el ego de las personas. Eso también significa que divide las opiniones, creando dificultades en las relaciones con los demás. El elemento más importante de la atención plena es la habilidad de observar sin juzgar. Ya que la estructura de la sociedad en la que vivimos se basa en el prejuicio, es algo muy difícil de cambiar, pero mientras más lo practiques más beneficios traerá a tu vida.

Ejercicio de observación

Para este ejercicio, elige un lugar concurrido y que tenga muchas cosas para observar. Puede ser una cafetería, un parque o cualquier lugar en el que puedas observar a las personas libremente. Busca un lugar para sentarte y mira a tu alrededor. Observa a las personas, y cada vez que te des cuenta de que estás criticando algo, trata de sentir un poco de compasión y empatía. Es decir, trata de ponerte en los zapatos de los demás. Esto te hará mejor persona. Criticar es muy fácil. Pero también es muy destructivo y negativo, y no solo para la persona a quien se critica. Recuerdo haber leído una cita sobre algo muy relevante para la atención plena. Decía algo así:

"Un insulto habla más de la persona que está insultando que de la persona a quien va dirigida el insulto."

Hay que dejar esos malos hábitos que la misma sociedad nos ha impuesto. Hay que dejar de criticar a todos y de pensar que somos mejores a los demás. Todos tenemos derecho a ser quienes somos. Mira a tu alrededor y observa sin juzgar. Puede que la niña con sobrepeso no esté en esas condiciones por lo que decide comer. Tal vez solo tiene la mala fortuna de haber nacido así. El hombre con un estilo muy extraño en su cabello no necesita de tus críticas. Probablemente se lo cortó así a causa de las mismas críticas que ya ha recibido y ahora tiene algún problema de autoestima. Observa a la madre que se enojó con su hijo. No juzgues. No conoces las circunstancias, y aunque las conocieras, no puedes entrar en su cabeza. Observa, pero no juzgues.

Si practicas esto cuando vas en el autobús o cuando sales de casa, empezarás a tener más compasión, lo cual es sumamente importante para el desarrollo de tu mente. No serás capaz de desarrollarla si te mantienes con una mente cerrada. No podrás mejorar tu persona si te crees superior a los demás. Observar sin juzgar requiere de mucho. Te voy a dar un ejemplo. Tengo un vecino que vive en una casa un poco descuidada. Él no tiene los recursos para mantenerla. Podríamos asumir que es una persona floja y que simplemente no le importa. Sin embargo, la verdad es que sí le importa y lo que ha logrado en la vida es más de lo que hubiera podido imaginar. Él era un indigente. Peleó por su país y cuando regresó de la guerra, descubrió que ya no encajaba en la sociedad que lo recibía. Nadie había visto los horrores que él vio, por lo que a nadie parecía agradarle. El simple hecho de recuperar su vida fue muy difícil. Tiene restos de metralleta en la pierna y casi no puede mover su espalda. A pesar de que siempre lo veíamos caminar por el patio delantero de su casa, nunca notamos el esfuerzo que le costaba tan solo levantarse, a pesar de que los doctores le recomendaban mantenerse en reposo.

Muchas veces, lo que vemos en el exterior no tiene nada que ver con lo que sucede en el interior. Cuando empiezas a idealizar cómo deberían de comportarse los demás estás limitando tus propios horizontes, y la atención plena se trata de expandirlos para que puedas ver el panorama completo.

Ejercicio de observación en general

La atención plena se trata de llenar a tu mente con las maravillas que te rodean. En este tipo de meditación está permitido observar, pero también tienes que asegurarte de respirar correctamente, solo que estarás incluyendo todo lo que forme parte de ese momento. Esto requiere de un cierto nivel de concentración, pero de lo que más requiere es disciplina, pues se trata de entrenar a tu mente para que acepte el momento tal y como es. Por ejemplo, si es un mal momento recuerda que este pasará y uno nuevo llegará. La práctica de la atención plena te libera de las presiones. Para este ejercicio tendrás que caminar en un parque y observar todos los elementos de la naturaleza. Observa el color del pasto, el color del cielo, el movimiento de las nubes, las flores que florecen. Concéntrate solo en eso. Todo lo que pase por tu mente tiene que formar parte de la naturaleza. Observa las diferentes tonalidades del lago. Mira cómo los pájaros aterrizan para tomar migajas.

El punto es reducir la velocidad. Hay que meditar, y si esta práctica te es de ayuda, verás cómo mejorarás tu bienestar, tu espiritualidad y tu sentido de la observación.

Capítulo 12 - Las Preguntas más comunes sobre la Meditación y sus Respuestas

En este capítulo me basaré en la experiencia que he tenido con mis estudiantes para responder las preguntas que podrías tener durante tu práctica de meditación. Espero que sean de ayuda para encontrarle el sentido a cosas que aún no puedas comprender.

¿Cómo es que la meditación te ayuda a ser más dinámico?

Muchos estudiantes creen, erróneamente, que la meditación te vuelve una persona más despreocupada. En realidad, hace todo lo contrario. Si no eres capaz de hacer muchas cosas al mismo tiempo, te ayuda a que te desempeñes mejor. Estás aprendiendo una sola disciplina. Si la pones en práctica en todos los aspectos de tu vida te volverás mucho más eficiente y serás capaz de hacer más cosas. Te explico. Tu autodisciplina impide que te distraigas con cosas que no tienen importancia. Por consiguiente, podrás enfocarte en tu trabajo y terminarlo de una manera mucho más eficiente.

No puedo concentrarme lo suficiente para meditar

Cuando los estudiantes me dicen esto, lo que veo es que se están esforzando demasiado por concentrarse, pues eso es lo que entienden por concentración. Creen que concentrarse significa enfocar tu mente en algo y mantenerla ahí. Si ves a la meditación desde otra perspectiva te resultará más fácil. No hay que concentrarse, en el sentido literal de la palabra. Eso se trata de enfocarse en ciertos pensamientos y aferrarse a ellos. En realidad, lo que se hace es soltar esos pensamientos. Si tú mismo te dices que no sirves para la meditación y permites que todo tipo de pensamientos lleguen a tu mente, entonces tú solo te estarás arruinando tus oportunidades para meditar. Piensa en la concentración como algo que te permite soltarte de las cosas y confiar en ti mismo. En realidad, de eso se trata.

No puedo evitar que lleguen pensamientos externos a mi mente. ¿Cómo los puedo detener?

Es muy posible que estés probando con un tipo de meditación que no es el adecuado para ti. Tal vez necesites de algo que te ayude a enfocarte más, como la meditación con cantos, para cerrar tu mente. Si puedes, canta más para ahogar tus pensamientos. Muchas de las personas que tienen este problema han descubierto que la meditación con cantos o mantras les viene mejor, pues les ayuda a deshacerse de esos pensamientos y a concentrarse en el sonido que emiten, de tal manera que llegan a meditar correctamente.

¿Se necesita ser religioso para meditar correctamente?

Definitivamente no. En lo que sí tienes que

creer, es en ti mismo y en el hecho de que hay mucho más conocimiento dentro de tu mente del que creías. La meditación se trata de la exploración de tu ser interior, no de conectarte con algún dios. Las personas religiosas suelen ver a ese ser interior como a un ser superior, lo cual también está bien. Va bien con sus creencias y les ayuda a meditar de manera exitosa, pero no es necesario que creas en Dios para meditar.

¿Es mejor meditar en grupo o de manera individual?

Hay dos formas de ver esta pregunta. ¿Qué tan independiente eres? ¿Sueles tener una mejor disciplina cuando aprendes algo por tu cuenta? ¿Sueles rendirte fácilmente cunado crees que estás fallando? Si eres de aquellos que necesitan un soporte, un grupo te vendría muy bien para encontrar a otras personas que estén experimentando los mismos sentimientos, lo cual te motivará a seguir con tu camino.

Otra de las ventajas de unirse a un grupo es que suelen estar dirigidos por alguien con un gran conocimiento sobre meditación y que te ayudará corregir lo que estés haciendo mal. Esto es algo que no se tiene cuando se practica de manera individual. Los grupos suelen ofrecer mucho apoyo, lo cual te da mucha confianza cuando apenas estás empezando. Entonces, para quienes creen que ese apoyo les vendría muy bien, un grupo puede ser la mejor opción.

Para aquellos que trabajan mejor de manera individual, no habrá desventaja alguna, pues ellos mismos saben lo que tienen que hacer. Solo se trata de ser disciplinado, estableciendo un horario para tu meditación diaria.

Las personas que meditan, ¿tienen suficiente energía física?

Cuando me hicieron esta pregunta no podía deducir de dónde venía la duda. El estudiante me explicó que él creía que las personas que meditan solo se sientan a descansar un poco. Le expliqué que de la meditación obtienes energía con un gran nivel de positivismo. Cuando terminas tu práctica de meditación puedes complementarla con ejercicios que te llenan de energía, como inhalar por uno de los orificios de tu nariz y exhalar por el otro. Esto abre tus vías respiratorias y activa tu mente. Si combinas técnicas de respiración con tu práctica de meditación tendrás más energía, ya que tu postura mejorará y se activarán todos los puntos de energía que hay a lo largo de tu cuerpo.

Nadie está esperando que puedas meditar y correr un maratón después, pero definitivamente muchas cosas serán más posibles. Te ayudará ponerte en el camino correcto para alcanzar cualquier meta que te propongas, ¡incluyendo un maratón!

¿Qué pasa si me quedo dormido en medio de la práctica?

Esto ha llegado a pasar. Si crees que es

muy probable que te quedes dormido, asegúrate de que estés en un espacio seguro y que el suelo pueda soportar tu peso sin que haya un impacto muy fuerte. Si estás sentado sobre tu cojín en un tapete de yoga no tienes mucho de qué preocuparte.

¿Qué pasa si tengo dificultades para respirar?

Yo mismo tuve este tipo de dificultades por muchos años y pensaba que me impediría progresar con mi meditación, sin embargo, siempre se puede encontrar una manera de respirar que se ajuste a tus necesidades. Por ejemplo, uno de los orificios de mi nariz está permanentemente cerrado, pero aún puedo respirar por el otro y suelo exhalar por la boca. Siempre puedes adaptarte para meditar de manera efectiva. A veces solo es necesario hacer unos pequeños ajustes, estando conscientes de nuestras propias limitaciones.

¿Por qué se suele meditar al amanecer o al atardecer?

Muchas personas eligen estos momentos del día porque los llenan de una inspiración que el resto del mundo no les da. La naturaleza, en este caso el amanecer o el atardecer, les provee más energía y les da el nivel de concentración necesario. No hay nada como meditar en una playa al amanecer o al atardecer. Esto te ayuda a recordar lo pequeños que somos y lo grande y maravilloso que es el mundo en el que vivimos. Si cierras tus ojos y meditas en un ambiente como este, cuando los abras sentirás como que estás renaciendo. Es algo muy estimulante y motivador.

¿Puedo combinar la meditación con el yoga?

Claro que sí. De hecho, podría incluso ser mejor. Depende de lo que estés buscando con tu meditación. Si lo que quieres es encontrar un momento de paz en una vida tormentosa, incluir la práctica del yoga a tu práctica de meditación te llenará de energía y obtendrás una mayor movilidad.

En la mayoría de las clases de yoga los maestros son capaces de pasar por todos los niveles contigo. Aprenderás a practicar el saludo al sol, el cual es un ejercicio con muchos beneficios que puedes utilizar para dar gracias a tu día antes de continuar con tus actividades. Luego podrás meditar por las tardes para que fluya con tus mañanas.

¿Se puede practicar en pareja?

La meditación suele ser algo muy personal, pero es posible que una pareja te otorgue la motivación necesaria, y viceversa, lo cual puede resultarte muy beneficioso. Si sueles practicar en pareja, pero sientes que en ocasiones tienes que hacerlo tú solo, también está bien. Sé honesto con tu pareja sobre ello y verás que lo respetará. Incluso podrían juntarse después de sus respectivas prácticas para platicar sobre sus beneficios obtenidos. De hecho, siempre se recomienda que analices tu sesión una vez finalizada, para que aprecies lo que has aprendido y ganado. Esto te ayuda a fortalecer tu práctica de meditación y resalta las áreas en las que tengas dificultades y que requieren de un mayor esfuerzo. Esto puede ser muy bueno si se practica en pareja, pero nadie debe sentirse forzado a meditar por influencia de alguien más. Para que sea efectivo, tienes que ser tú el que quiera hacerlo.

Capítulo 13 - Desarrolla tu práctica de Meditación

"Así como se descubren tesoros de la tierra, la virtud se aparece de las buenas acciones y la sabiduría aparece de una mente pura y pacífica. Para caminar con seguridad a través del laberinto de la vida humana, uno necesita la luz de la sabiduría y la guía de la virtud."
~ Buda

Te sentirás frustrado cuando empieces a meditar. No estás acostumbrado a pensar de esta manera. Es imposible cambiar los hábitos que has tenido durante toda tu vida de la noche a la mañana. Al finalizar una sesión de meditación, una de las cosas más importantes que tienes que hacer es pensar en lo que obtuviste de esa sesión y en qué puedes hacer para mejorar la siguiente. Esta autoevaluación te permite salir de tu estado meditativo y volver al mundo real a un buen ritmo. Si lo piensas, tu presión arterial disminuye con la meditación, por lo que nunca deberías levantarte de repente y apresurarte a continuar con tus actividades. Deja que tu cuerpo se ajuste lentamente. Entonces, cuando abras tus ojos después de tu meditación, evalúa lo que obtuviste de ella y las mejoras que podrías tener la próxima vez.

Los monjes budistas siempre buscan mejorar, porque quieren alcanzar ese Nirvana en donde el entendimiento se presenta de tal forma que conocen las respuestas a los problemas que han experimentado. Quieren llegar al mismo lugar al que Buda llegó a través de su meditación, pues ahí es donde tiene lugar la iluminación. Puede que meditemos para mejorar nuestras vidas o para deshacernos del estrés, pero hay que trabajar en ello para lograrlo en lugar de repetir las cosas una y otra vez.

Toma nota de lo que ganaste con tu meditación y piensa en qué puedes hacer para mejorar. Por ejemplo, si al terminar tu sesión notas un dolor en alguna parte de tu espalda tienes que detectar lo que estuvo mal con tu postura, para que la próxima vez no repitas el mismo error. También podrías repasar tu meditación para ver qué podías haber hecho mejor. Estas son algunas de las cosas con las que podrías autoevaluarte:

- Me tomó demasiado tiempo entrar en un estado meditativo.
- No podía mantener a los pensamientos externos fuera.
- A causa de los pensamientos externos, no podía contar hasta 10.
- Había mucho ruido externo que no me dejaba concentrarme.

Esta autocrítica servirá para que mejores en tu meditación. Por ejemplo, ¿por qué te tomó tanto tiempo entrar en un estado meditativo? ¿Pudiste haber hecho algo para obtener mejores resultados? Tal vez hay algún problema que no te permite estar en un estado mental receptivo. Tal vez necesitabas un momento de relajación antes de empezar. Los pensamientos negativos siempre se interpondrán con la meditación. Si los tienes, debes resolverlos o buscar la manera de observar tu situación desde un punto de vista neutro, para evitar que te enojes o que esos pensamientos negativos tomen el control.

Es posible que no hayas podido contar hasta 10 por haber estado demasiado preocupado por algún problema. No podrás mejorar tu práctica de meditación hasta que aprendas a calmar tu mente y dejes de preocuparte tanto por las cosas que suceden en tu vida. Si te das cuenta de que esto es lo que estás haciendo, practica un poco la atención plena antes de meditar. Es decir, observa, vive el momento presente y suelta todo lo que te haya sucedido o lo que crees que pueda suceder.

La atención plena sirve mucho para acercarte a tu meditación. Si eres capaz de distanciarte del pasado, o de sus posibles repercusiones en el futuro y te permites vivir el momento presente, podrás alejarte de la negatividad que acompaña a tus problemas. Te daré un ejemplo. Una mujer se enoja con su esposo. Está tan enojada que decide salir para estar a solas por un tiempo. No puede dejar de pensar mientras camina por el parque. Son pensamientos negativos sobre su esposo. Está tan enojada que le está permitiendo a ese enojo tomar el control. No importa qué haya sucedido. Lo que importa es que no estaba usando la atención plena. En lugar disfrutar el momento presente, no dejaba de pensar en su situación pasada, llenándose de negatividad. Esta mujer se encuentra con un niño que está a punto de caer al canal. Un instante después está a su lado para evitar que caiga, y justo en ese momento, cuando está ocupándose del niño, el enojo que sentía hacia su esposo desaparece. En ese momento decidió que el PRESENTE importaba más que el pasado.

Cuando estaba ayudando al niño pudo olvidarse de ese enojo. Puede que aún haya estado algo enojada cuando regresó a su casa, pero cuando menos tuvo un respiro de ese sentimiento por un instante. Si vivimos el momento dejamos de aferrarnos a los sentimientos negativos. En vez de ello, pasamos al siguiente momento con la mente clara y lo aceptamos como se presenta. Esto significa que la mente está lista para meditar. Con este ejemplo puedes ver que lo que hace que tu mente esté preparada es liberarla de la carga que trae del pasado. No puedes cambiar lo que ya sucedió y si te sigues preocupando por ello no podrás enfocarte en tu meditación, que es lo que está sucediendo en el PRESENTE. ¿Cómo podrías meditar si no dejas de pensar en lo que ha sucedido? No se puede. Tienes que abrir tu mente a la meditación para que pueda resultarte beneficiosa. Así que, si entras a tu cuarto de meditación pensando en el fracaso o en el pasado, te resultará muy difícil superarlo.

Si utilizas una resolución para aclarar tu mente antes de meditar, tendrás el enfoque adecuado para aprovechar al máximo tu práctica de meditación. Toma tiempo. Como ya lo hemos dicho, estamos programados para reaccionar de cierta manera. Pero ahora tienes que reprogramarte y aprender a vivir en el momento presente.

Para mejorar tu meditación, también podrías mejorar el lugar en el que practicas. ¿Hay algo que te distraiga durante tu meditación? Ese momento que utilizas para pensar después de tu práctica, puede servir para cambiar las cosas, de modo que la próxima vez que medites tengas menos distracciones. ¿Había demasiada luz? Tal vez eso era lo que te distraía. En ese caso, cierra las cortinas o las persianas la próxima vez que vayas a meditar. El objetivo de darte un tiempo para pensar después de tu práctica es que te ocupes de lo que mejoraría tu próxima sesión.

Es algo parecido a un salón de clases. Hay algunas lecciones que son más fáciles de entender, pero durante el proceso nos damos cuenta de cómo aprendemos mejor. Ya sea tomando notas o viendo el tema desde otra perspectiva. Si te piden que escribas un ensayo durante tus vacaciones, lo más seguro es que termines escribiendo sobre lo que hiciste en ellas. Esto nos prueba que podemos hacer mejor las cosas si las vemos de cerca. Lo mismo sucede con la meditación. Puedes cambiar cualquier cosa que creas que se interpone en tu camino y hacer que tu siguiente sesión sea más exitosa. Esta atención personal te ayuda a crecer espiritualmente y a que tengas una mejor percepción de tus logros y tus fracasos. Con el tiempo, esto te hará más fuerte y te permitirá meditar de la forma que mejor se adapte a tus necesidades.

También es posible que hayas intentado probar con las cuentas por primera vez y que estas te hayan distraído. Podrías intentar utilizarlas cuando no estés meditando, para que te resulte más natural usarlas y te sean de ayuda la próxima vez. Ese manejo subconsciente de las cuentas puede profundizar tu meditación, pero si lo haces de manera consciente podrías estar impidiendo tu progreso. Entonces, ese tiempo que dedicas después de tu práctica te ayuda a trabajar en tus fortalezas y en tus debilidades.

¿Sueles analizar cada detalle? Eso podría perjudicar tu proceso de meditación. Si siempre te estás preguntado el porqué de las cosas, te será muy difícil renunciar a los procesos de pensamiento durante tu meditación. Tienes que dejar de ser tan inquisitivo y dejar que las cosas pasen. Si quieres encontrarle una respuesta a "¿por qué me duele la pierna en esta posición?", presta atención a ese dolor y la meditación te dará tu respuesta. Es inevitable que pienses en el dolor, pues tus nervios le pasarán ese mensaje a tu cerebro. No se puede hacer nada al respecto. Sin embargo, puedes observar ese dolor, estar consciente del él y seguir meditando. Una vez que termines de meditar podrás buscar el origen de ese dolor.

Tal vez te funcione relajarte con un diario para que te des cuenta de tus errores y pienses en ellos después. Si no le prestas atención a tus sesiones no podrás mejorar. Por ejemplo, si me caigo al saltar la cuerda y no me doy cuenta de que fue por haberla colocado mal, seguiré cometiendo el mismo error. Si me pongo a analizar la situación, me daré cuenta de que solo tengo que mover un poco la cuerda para que la próxima vez sea mejor. Todo lo que seas capaz de notar hará que cada meditación sea una continuación de la anterior. Pero cada vez será mejor.

Confía en que tu mente pueda combatir al silencio. Lo hará. Confía en que tu mente puede tener el control. Está tan acostumbrada a estar pensando que le resulta muy difícil liberarse. Aprende a concentrarte en lo que deberías en lugar de que tu mente tenga el control sobre tus pensamientos. Tú estás al volante. Una vez que tomas las riendas y entiendes cómo funcionan las cosas, todo se vuelve más sencillo.

Con tus errores aprenderás a desarrollar y profundizar tus habilidades. En vez de pensar que no te trae nada bueno o que no sirves para ello, mejor piensa que la próxima vez avanzarás un paso más si te encargas de tal o tal problema.

Hay que ocuparnos de nuestra meditación, así como tenemos que ocuparnos de nuestra vida para irla mejorando. Tu mente, tu espíritu y tú se convertirán en uno, haciendo que te sea mucho más posible alcanzar ese Nirvana en el que el entendimiento se vuelve parte integral de tus motivos para meditar.

Conclusión

Esta cita es una de mis favoritas. ¿Por qué? Porque es muy cierta y te ayudará a entender lo que es la meditación mucho mejor. Es muy cierto que no podemos encontrar la fe en nosotros mismos o en algo más a través del pensamiento. La fe es aquello que sentiste en el lugar que te maravillaba. No existe un pensamiento que pueda expresar eso. Solo lo encuentras ahí. Mientras más lo pienses, más confundes a tu mente con todo lo que puede pasar por tu cabeza. De ahí viene el estrés. Si eres capaz de ver esa fe interior y alcanzas la espiritualidad a través de la forma en la que ves al mundo, no a través de los pensamientos, todo tendrá mucho más sentido.

Esta mañana me desperté con el canto de las aves. Miré por la ventana y vi como el sol se elevaba por el cielo, listo para otro día. Nunca pensé en lo estresante que podría ser el día. No me puse a pensar sobre a quién debía regañar ese día o en quién podría estar enojado conmigo. Ni si quiera pensé en lo molesto que es el sonido de la alarma. Los pensamientos, definitivamente, matan a la esperanza y a esa oportunidad de disfrutar el momento en el que te encuentras. Toma lo que te da la vida y disfrútalo. El canto de las aves y el amanecer fueron suficientes para que tuviera fe en lo buena que es la vida y esperanza por las cosas que están por venir. No tuve necesidad de pensar en las preocupaciones del día. Sé que mi subconsciente es capaz de resolver todo ello por su cuenta. Cuando no te pones a pensar encuentras más soluciones de las que te podrías imaginar.

Cuando estamos estresados nos olvidamos de la humildad. Nos volvemos indignantes, estamos a la defensiva o tratamos de ocultar nuestras emociones de los demás. Deja de tratar de justificarte. Si lo que quieres es sentirte verdaderamente feliz, no tienes que estarte justificando de nada. Este momento es lo que es. Si logras apreciar esto habrás alcanzado un punto en el que podrás hasta dormir mejor, podrás relacionarte mejor con las personas y podrás deshacerte del estrés. Lo que es pasado, es pasado. No lo puedes cambiar. Podrás intentarlo, pero será inútil.

El estrés no te trae nada bueno. No tiene ningún sentido que te pongas a practicar lo que le dirás alguien con quien estás enojado. Suelta ese enojo y deja que tu corazón hable. Es mucho más saludable y hará que te sientas más completo. Recuerda que KhalilGibran lo menciona y lo usa en su frase: "La fe y la espiritualidad *no* se alcanzan a través del pensamiento." Si tu corazón es feliz, automáticamente encontrará la espiritualidad por su cuenta, sin siquiera buscarla. Lo supe cuando vi a través de la ventana e incluso ahora, mientras escribo este libro para ustedes, puedo ver un arcoíris en el cielo desde mi ventana y veo lo maravilloso que es sin necesidad de tener algún tipo de actividad mental. Hay tanto poder dentro de tu mente, pero no podrás usarlo solamente con energía mental. Logras aprovecharlo cuando dejas de intentar y confías en ti mismo. Ahí es cuando la meditación está dando frutos en todo su esplendor.

Tu corazón se vuelve mucho más fuerte cuando recuerdas lo pequeños que somos y dejas que el universo te lleve por donde debe. Los ejercicios de meditación mencionados en este libro te ayudarán a restaurar tu habilidad para relajarte y a sentirte bien contigo mismo. Cuando acomodas tus pensamientos en sus respectivos compartimentos te permites disfrutar el momento presente, y lo mismo con el siguiente, como algo completamente nuevo. De esta forma empezarás a estar realmente presente en tu vida. Muchas personas desperdician su tiempo pensando en las miserias del pasado o preocupándose por lo que aún no ha sucedido, y sin darse cuenta, el tiempo se pasa. Si te das cuenta de que cada momento de tu vida es parte fundamental del juego de vivir le podrás dar un significado a tu vida. Por ejemplo, hace un momento, sentí una gran tranquilidad al tomar un poco de agua fresca. En este momento mi cuerpo se siente satisfecho y mi mente está llena de pensamientos sobre cómo plasmar este sentimiento en palabras, de manera que tenga sentido para mis lectores. Esto me hace muy feliz.

Haz que cada momento cuente y si sientes que el mundo va demasiado rápido, o tal vez tú vas muy lento, detente, medita y deja que tu fuerza interior tome las riendas por un momento. La única manera de que aprendas a relajarte y a conectarte con tu espiritualidad es soltando todas las pretensiones y estando completamente presente en este momento de tu vida.

Ve a cada momento, a cada aliento como si fuera el último y hazlo valer. Espero que encuentres la respuesta en estas páginas. Meditar no es algo fácil, pero es algo que puedes practicar para mejorar tu vida. Gracias a la meditación, yo he aprendido a ir por la vida con un corazón feliz, sabiendo que cada momento que me da la vida lo puedo aprovechar para conectarme espiritualmente con mis creencias, haciéndolas formar parte de mí. Cuando meditas, ayudas a tu mente a salir adelante y te vuelves mucho más fuerte.

Hemos abarcado muchos aspectos en este libro. Te preparaste para la meditación, pues si no te preparas es muy posible que no llegues a entenderla y no te sientas capaz de practicarla. Todos pueden, solo se necesita saber cómo. He explicado los ideales detrás de la meditación y quiénes la utilizan. No por nada ya tiene una muy larga existencia. Funciona. Incluso te he dado ejemplos médicos sobre cómo ayuda a mejorar tu vida. No viene solamente desde una perspectiva mental. También viene de una perspectiva médica. Incluso te conté sobre el libro de Daniel Goleman, "La Salud Emocional: conversaciones con el Dalai Lama sobre la salud, las emociones y la mente", que respalda todo lo que he dicho. Si este libro no te convence sobre los beneficios de la meditación, no sé qué podría hacerlo.

Está muy clara la relación entre tu mente y el bienestar, tanto que los doctores que suelen recetar medicamentos para los problemas mentales, ahora están prescribiendo la meditación de la atención plena como una alternativa a algo que parecía no funcionar muy bien. Cada vez hay más personas que sufren de depresión o estrés, y el hecho de que los doctores estén trabajando con esta nueva teoría de que la meditación puede ser de gran ayuda, nos relaciona con lo todo lo que dice el libro mencionado.

En la sección de preguntas y respuestas he mencionado algunas de las preguntas más frecuentes, y espero haber podido aclarar cualquier problema que se te pudiera presentar durante tu proceso de meditación o cualquier duda sobre tu percepción ante todo esto. Por ejemplo, las personas religiosas suelen preguntarse si la meditación va en contra de sus creencias, pero recuerda que el budismo es solo una filosofía. Una filosofía que puedes seguir sin importar tu religión. Otro gran ejemplo del éxito de la meditación es el que nos compartió un judío llamado Leonard Cohen. Su fe judía nunca se ha interpuesto con su meditación, pues son cosas muy distintas que simplemente se han unido. Sin embargo, su práctica de meditación significa que está más abierto a ideas que el mismo judaísmo excluye. Entonces, uno podría debatir que la meditación te vuelve un mejor cristiano, un mejor judío, o simplemente una mejor persona; sea cual sea tu religión. Te volverás más tolerante. Verás que la humildad es fundamental en cualquier creencia religiosa. También tendrás una mayor empatía. Cosa que hace falta en muchas personas de muchas religiones en todo el mundo, simplemente porque no conocen los beneficios de la empatía.

Espero que hayas disfrutado mucho este libro. En la medida de lo posible, he tratado de usar mi propia experiencia para demostrar los diferentes elementos de la meditación, de manera que tengas el panorama completo de lo que se trata, de cómo practicarla y de cómo incorporarla a tu vida. Es una guía completa, sin embargo, puedes complementarla buscando más información sobre diferentes filosofías que podrían ayudarte a sanar. Podrías leer a KahlilGibran, por ejemplo. Esto podría ayudarte a abrir tu mente a otras áreas espirituales de tu vida. El libro "La Salud Emocional" puede ayudarte a fortalecer tu determinación y a sacarle el mejor provecho a tu meditación. Leer libros de personajes como Rumi o todos los que hemos mencionado te ayudará a visualizar ese pensamiento meditativo en forma de palabras, de manera que lo puedas usar para tu desarrollo.

Parte 2

Introducción

Quiero agradecerte y felicitarte por descargar el libro.

Este libro contiene pasos y estrategias comprobadas para mejorar tu vida a través de las maravillas de la meditación.

En el mundo moderno y acelerado de hoy, muchos de nosotros estamos consumidos por el estrés, la ansiedad y la preocupación. Parece que con la forma en que está estructurada nuestra sociedad actual, puede ser difícil evitar completamente este tipo de negatividad. El trabajo... los problemas familiares... el estrés diario... todas estas cosas pueden fácilmente agobiar a una persona. Desafortunadamente, la energía negativa tiene muchos efectos negativos en nuestras vidas. Nos puede drenar y hacer nuestras vidas miserables. ¿Cómo puedes esperar disfrutar si llevas todo este equipaje emocional negativo?

La buena noticia es que no tienes que vivir con estas cosas.

La meditación es una de las claves que

puede ayudar a una persona a vivir una vida mejor y más feliz. Con la meditación, una persona puede enfocar su energía para que los problemas diarios puedan ser tratados de unamejor manera.

¿Alguna vez te has preguntado cómo te iría con la experiencia meditativa? Este libro te ayudará a comprender los conceptos básicos de la meditación para que puedas lidiar con el estrés de la vida diaria de una manera mucho mejor.

Gracias de nuevo por descargar este libro, ¡espero que lo disfrutes!

Capítulo 1: Los Fundamentos de la Meditación

Las raíces de la meditación se remontan en el tiempo. Algunos investigadores especulan que las comunidades de cazadores y recolectores descubrieron la meditación mientras observaban las llamas del fuego porque les daba un estado alerta de conciencia. Con el tiempo, la meditación se desarrolló para ser una práctica más estructurada con influencias de diversas culturas y creencias. Quizás la práctica más influyente es la descubierta por los indios hace unos cinco mil años, los tantras.

La mayoría de las religiones y culturas tienen alguna versión de meditación. Aunque sus respectivos enfoques pueden variar, la meditación es generalmente aceptada como un elemento esencial del crecimiento y desarrollo espiritual. Se sabe que está particularmente conectado a la rama mística de la mayoría de las creencias espirituales. Por ejemplo, hay Kabala en el judaísmo, que es el campo de estudio meditativo. También hay meditación contemplativa en el Islam a través del Corán. El budismo ha eliminado una serie de variaciones, entre ellas el zen y el tibetano. La meditación es aceptada y estimulada en la mayoría de los sistemas religiosos.

De hecho, incluso fuera de la estructura de una creencia religiosa específica, la meditación todavía se fomenta. Una persona no necesita seguir una religión específica para disfrutar de los beneficios de la meditación. Se trata de ponerse en contacto con el yo interno y la espiritualidad. Se puede hacer a través de la contemplación tranquila, el movimiento activo o la autoexpresión a través de las artes. Es útil para combatir el estrés, los desafíos y los problemas que a menudo conlleva vivir en el mundo moderno de hoy.

En lugar de pensar en la meditación como algo religioso, debe verse como algo beneficioso para la mente, el cuerpo y el espíritu. Ayuda a las personas a lograr el equilibrio en varios aspectos de sus vidas.

Se ha utilizado para tratar la depresión y la ansiedad. Debido a que la meditación permite que una persona reflexione sobre su vida, brinda una contribución muy valiosa para el desarrollo general de uno mismo. Permite a las personas pensar más claramente y tomar mejores decisiones.

La meditación da la bienvenida a personas de todos los ámbitos de la vida, independientemente de los antecedentes y las creencias espirituales. Es especialmente útil para las personas que están estresadas y cansadas debido a la forma de vida moderna y acelerada. No importa cuál sea su edad, ¡puede adquirir el hábito de la meditación! Nunca es demasiado tarde para cosechar los beneficios.

¿Por qué deberías aprender a meditar?

Si no ha dominado el arte de controlar su propia mente, es muy probable que haya sido esclavo de sus propios pensamientos. Puede ser estresante y agotador vivir una vida en la que no ha dominado el control sobre su propia facultad mental. Puede llevar a una persona a vivir una vida sin un objetivo.

La meditación te dará el poder de controlar tu mente. En efecto, podrás controlar fácilmente tu propia vida. No sentirás que no tienes dirección. Puedes encontrar un significado a través de tus propios reflejos. En general, tendrás mejores relaciones, una mejor autoestima y una mejor visión de ti mismo.

En general, todos estamos involucrados en lo que está sucediendo en nuestras propias vidas. Nuestros pensamientos y emociones a menudo son fácilmente afectados por circunstancias y situaciones externas. Cuando las cosas no salen como queremos, a menudo nos sentimos estresados o preocupados. Esto nos impide encontrar la calma y la paz en la forma en que vivimos.

La meditación puede ayudar a una persona a encontrar una luz positiva en medio del caos y las dificultades. Puede hacer que una persona sienta que tiene el control de su vida. Imagina cuánto mejor te sentirás si puedes superar una situación oscura sin permitir que afecte tu estado de ánimo. Serías mucho más productivo. Más importante aún, sería mucho más fácil para ti encontrar la paz interior.

Al principio, puede parecer impensable aprender a aceptar los giros y las vueltas de la vida. ¿Cómo puede una persona mantener la calma ante la tragedia? ¡La meditación puede ayudarte! Te dará la posibilidad de encontrar la paz en medio de cualquier caos que esté sucediendo en tu vida. Podrás lidiar con las dificultades de la vida de una mejor manera.

Debes ignorar la idea de que la meditación está asociada con cierta creencia religiosa. Está abierta a todos aquellos que quieran tomar el control de sus vidas una vez más. Te liberará de las ataduras de la preocupación y la ansiedad. Puede ayudarte a deshacerse de las molestias mentales y emocionales y reemplazar estas emociones no deseadas con calma y paz.

¿Cuáles son los beneficios de la meditación?

¿Realmente vale la pena "perder" el tiempo sentado y pensando en tu vida?
Muchos afirman que la meditación realmente cambió sus vidas, y en realidad hay pruebas científicas de que esto es cierto. Las técnicas simples de meditación y relajación pueden ponerlo en una mejor condición mental, física y espiritual. Incluso se ha demostrado que ayuda a una persona a adquirir un mejor sistema inmunológico y un cuerpo más fuerte en general. A largo plazo, la meditación regular puede ayudarlo a sentirse como una persona mejor por dentro y por fuera.

Uno de los mayores beneficios de la meditación es permitir que una persona responda ante el estrés de una manera mucho mejor. Esto es muy útil para las personas que se están cansando del estilo de vida acelerado del mundo moderno. La meditación ayuda a una persona a lidiar con el estrés de dos maneras específicas: 1. Ayuda a liberar el estrés acumulado y 2. Ayuda a evitar que el estrés no deseado ingrese al cuerpo. Ya que la meditación puede enseñarte cómo hacerte cargo de tu vida, encontrarás más fácil mantener la calma en paz, sin importar lo que suceda a tu alrededor. No se verá afectado por las causas cotidianas de estrés como el tráfico o un jefe exigente. De esa manera, podrás vivir tu vida de forma más armoniosa.

También hay muchos cambios físicos que el cuerpo puede experimentar debido a la meditación. Cuando meditas, cada célula de tu cuerpo se refresca y vuelve a energizar. Esto resulta en una mejora asombrosa en la salud general de una persona. Cuando una persona medita, puede ayudar a disminuir la presión arterial, fortalecer el sistema inmunológico y aumentar la producción de serotonina. En general, una persona que medita sale más enérgica y saludable debido a todos los efectos positivos de la práctica.

También hay beneficios mentales de la meditación. Dado que todas las vibraciones negativas están bloqueadas, el cerebro está a menudo en un estado fresco y lleno de energía. Esto permite que una persona vea el mundo de una manera más positiva. Permite a una persona disfrutar más de la vida. Como persona relajada, puede ser más creativo, intuitivo y amable. Tu espíritu interior se sentirá vivo y energizado. Tendrás una mejor relación contigo mismo. En efecto, tendrá una mente más aguda que está libre de negatividad como ira, preocupación, estrés y ansiedad.

La transformación personal provocada por la meditación traerá muchos cambios en tu vida. A medida que te comprendas mejor, te será más fácil estar en paz con tu propio pasado. Podrás enfrentar el presente con coraje. Tus preocupaciones y ansiedades sobre el futuro desaparecerán fácilmente.

¿Cómo puedes empezar con la meditación?

Hay muchos caminos diferentes para ayudarte a entender realmente la experiencia meditativa. Quizás la parte más difícil del viaje es el comienzo. La transición de su mentalidad actual a una mentalidad meditativa puede ser difícil. Sin embargo, con dedicación y perseverancia, es posible hacer que la meditación sea parte de su rutina diaria.

Un error común de quienes recién comienzan es asumir que el cambio se producirá en un instante. Sus expectativas son tan altas al principio, por lo que se vuelve muy decepcionante para ellos cuando no sienten los beneficios de inmediato. Mantén tus expectativas niveladas, especialmente si estás empezando. Cuanto más avances, más te darás cuenta de que la meditación nunca se trata de la rapidez con la que consigues los resultados que deseas.

Puedes comenzar a ponerte en contacto con tu lado meditativo volviéndote más consciente de ti mismo. Pasa tiempo reflexionando sobre tu propia vida, tus sueños, tus acciones y tus decisiones. A medida que te vuelves más consciente de ti mismo, trata de rechazar conscientemente los pensamientos y distracciones negativas. Puedes hacerlo de manera más efectiva si te enfocas en las cosas positivas que suceden en tu vida. La única forma en que puedes dejar de lado tus propios sentimientos negativos es reemplazándolos activamente por emociones que realmente se sienten bien. Controla tus propios pensamientos y sentimientos para que solo resaltes lo positivo.

Intenta hacer de la meditación una rutina. Al igual que cualquier otro hábito o práctica, debe ser nutrido constantemente para que puedas obtener los beneficios y sentir la diferencia. Prométete a cometer unos minutos antes de dormir o al levantarte. Al principio, puede parecer una tarea para entrar en meditación. Incluso se podría pensar que es una pérdida de tiempo. Sin embargo, las cosas cambiarán una vez que empieces a sentir la diferencia. A medida que pase el tiempo, te darás cuenta de que realmente necesitas algunos momentos de meditación para completar tu día.

También es bueno encontrar una comunidad de personas que puedan ayudarte y guiarte en tus prácticas de meditación. Puede ser inspirador conocer a personas que han hecho de la meditación una parte tan importante de sus vidas. Cuando veas tu dedicación a sus respectivos viajes, podrías encontrarte más comprometido con su propia práctica. Será más fácil para ti si tienes personas con quienes hablar y personas a quienes preguntar. Con el apoyo de una comunidad detrás de ti, tu viaje de mediación puede ser mucho más significativo.

Si crees que necesitas más orientación para mejorar realmente, es posible que desees consultar a un experto que pueda guiarte personalmente para asegurarte de que estás en el camino correcto. Cuando practicas solo, es posible que tengas numerosas preguntas sin respuesta. Es posible que necesites ayuda para mejorar la forma en que haces las cosas. Un experto está en la mejor posición para ayudarte.

¿Hay diferentes tipos de meditación?

La meditación concentrativa es quizás el tipo de meditación más popular. Este tipo de meditación permite a una persona concentrarse en la respiración, la quietud y el vaciar la mente. Cuando piensas en meditación, esto es probablemente lo que te viene a la mente. Con enfoque y concentración, la mente se fortalece y el cuerpo se energiza.

Sin embargo, ten en cuenta que también hay otras formas de meditación. No siempre tiene que ser sobre la quietud y la concentración.

La meditación del movimiento es la meditación a través del cuerpo y sus acciones. Este tipo de meditación consiste en tratar de mejorar tu relación con tu cuerpo a través de movimientos gráciles. También te concentras mientras meditas, pero puedes canalizar esa concentración y transformarla en energía que permitirá que tu cuerpo se mueva. Quizás la forma más popular de meditación de movimiento es el yoga.

El último tipo de meditación es la

meditación expresiva. Esto generalmente se puede ver en varias formas de arte como la pintura o la música. Este tipo de meditación te permitirá ponerte en contacto con tu lado creativo. Funciona mejor si quieres crear algo positivo a partir de experiencias y emociones negativas. Se trata de procesar tus sentimientos para que las cosas malas no se embotellen por dentro.

Capítulo 2: Los fundamentos de la meditación concentrativa

La meditación concentrativa consiste en comprender el poder de la mente humana. Se trata de tomar control de ese poder y usarlo para encontrar el enfoque y el equilibrio. La mayoría de los que viven en el mundo de hoy experimentan el caos de la sobrecarga de información. Hay tantas cosas que hacer. Hay tantas ideas flotando alrededor de tu cabeza. ¿Tu mente alguna vez toma un descanso?

Es difícil no pensar en nada hoy en día. Las mentes están constantemente trabajando. Un pensamiento lleva a otro, y la necesidad parece detenerse... a menos que hagas un esfuerzo consciente para dejar de pensar por un tiempo. En cierto sentido, la meditación concentrativa es como un botón de pausa que le permite a tu mente relajarse y recargarse en medio de todo. Después de meditar, encontrarás más fácil reunir tus pensamientos, organizar tus ideas y valorar lo que es verdaderamente importante.

¿Cómo empiezas con dejar que tu mente se relaje? ¿Es realmente posible pensar en nada? Aquí hay algunas cosas que debes probar si quieres entrar en la meditación concentrativa. Cualquier tipo de meditación tiene una gran importancia en la conexión de la mente y el cuerpo. Esto también es cierto con la meditación concentrativa. Debes prestar más atención a cómo se mueve tu cuerpo para mejorar realmente el estado de su mente.

La meditación concentrativa y el cuerpo.

En general, la meditación pone énfasis en el vínculo entre la mente y el cuerpo. Los pensamientos saludables a menudo están relacionados con un cuerpo sano. Esto se traduce en el bienestar general. En la mediación concentrativa, el cuerpo es un instrumento importante que nos ayudará a alcanzar el estado meditativo. En cierto sentido, una persona necesita saber cómo controlar su cuerpo para poder meditar de la manera correcta.

Mientras que todo el cuerpo está involucrado en el proceso meditativo, la postura de una persona, la respiración y el enfoque de los ojos son los elementos más básicos de la meditación concentrativa. Cuando obtienes estas tres cosas correctamente, hay una buena probabilidad de que puedas meditar más fácilmente.

La postura es importante porque tus órganos y otras partes del cuerpo deben estar alineados cuando meditas. Cuando tu cuerpo funcione de manera eficiente, te será más fácil concentrarte en tus prácticas de meditación. La postura correcta también está directamente relacionada con la respiración. Con la postura correcta, podrás respirar de manera más eficiente.

La respiración es otro elemento importante de la meditación. Ya que es una función corporal automática, rara vez pensamos en la forma en que respiramos. Mientras el aire pueda entrar y salir de nuestros pulmones, la mayoría de nosotros estamos perfectamente felices. Desafortunadamente, la técnica de respiración incorrecta puede llevar a muchos problemas. Te sorprenderá la cantidad de cosas que se pueden corregir simplemente ajustando la forma en que respiras.

Cuando medites, debes tratar de ser más consciente de tus propios patrones de respiración. Respira naturalmente, pero trata de hacerlo más profundo y más largo. Concéntrate en lo que estás haciendo y en cómo respiras. Esto te permitirá concentrarte en lo que está sucediendo en tu práctica meditativa. Una técnica más que te permitirá apagar las distracciones es contar las respiraciones. A medida que practiques tus ejercicios de respiración con más frecuencia, comprenderás el patrón de lo que es más eficiente y relajante para ti.

La vista es también un factor importante en la meditación. Es muy influyente para dirigir nuestros pensamientos, por lo que es mejor si también puedes controlar lo que ves. No cierres los ojos porque abres las puertas a tu imaginación. Se vuelve aún más concentrado que con los ojos cerrados porque probablemente tu mente se deja vagar. Podrías terminar pensando en las cosas que necesitas hacer durante el día o la pila de platos en el fregadero que están pidiendo ser lavados. Podrías terminar aún más distraído.

Es imprudente mantener tus ojos vagando también. Estás obligado a ver algo que distraiga tu mente y enfoque. Lo mejor que puedes hacer es bajar tu mirada y enfocarte en algo irrelevante como un círculo blanco o una llama de una vela. Se necesita un poco de esfuerzo para mantener tu enfoque, así que asegúrate de que tu mente no se aleje

Tus pensamientos y emociones

Aunque pensar y sentir son probablemente inevitables en la vida diaria de todos los seres humanos, puede ser muy agotador pensar y sentir todo el tiempo. Puede agotar tu energía y hacer que sientas que toda tu vida está siendo arrebatada. ¿Cómo puedes esperar llegar a ser mejor si hay una dispersión de pensamientos y emociones siempre en tu mente?

Un beneficio de la meditación es que le

permite a una persona apagar sus emociones por un tiempo. Es como que una persona se pueda recargar para enfrentar mejor al mundo.

Cuando medites, trata de permanecer en el presente e ignora lo que piensas o sientes. Solo concéntrate en tu respiración y no pienses en nada más. En lugar de centrarte en una emoción intensa específica, ya sea buena o mala, intenta vaciar tu corazón y tu mente. Esto es practicar el control sobre lo que entra en tu mente. Cuando medites, trata de imaginar que todos los pensamientos y emociones no son deseados. Apágalos si puedes. Cuanto más te centres en el presente, más fácil te será mantener alejados tus pensamientos y emociones no deseados. Enfócate en tu cuerpo. Concéntrate en tu respiración. Si te encuentras demasiado distraído, tal vez sería mejor establecer otro momento para la meditación cuando estés más relajado. A medida que practiques tu meditación más a menudo, te darás cuenta de que las cosas se volverán más fáciles y mejores con el tiempo.

Ambiente de meditación

Es importante crear un entorno de meditación ideal si deseas que la experiencia sea más conveniente y fructífera. Será mucho más fácil mantener tu enfoque y concentración si tienes el entorno adecuado para tu práctica.

Es mejor elegir un espacio en tu hogar que puedas dedicar a la meditación. Puede ser como tu rincón de meditación. Esto es mejor que elegir un espacio aleatorio en tu hogar cada mañana porque puedes condicionar tu cuerpo para que asocie este espacio de meditación a tu práctica. Dedicado al espacio para tu rutina de meditación. Mantén alejados los materiales que distraen. EsoSerá mejor si puedes meditar frente a una pared blanca con buena iluminación y ventilación para que la logística no sea un problema para ti. Cuando vayas a meditar, lo mejor es mantener sólo lo básico. Evita cualquier cosa lujosa y costosa. Mientras las cosas sean simples, mejor será tu práctica.

Por ejemplo, hay muchos tipos diferentes de música de meditación que se usan popularmente hoy en día. Mientras que escuchar música puede ser una buena práctica cuando recién comienza, más tarde te darás cuenta de que no es tan bueno como parece. La música simplemente enmascara todas las cosas que estás pensando y viendo. En lugar de enfocarte realmente en lo que debería ser la meditación, terminas perdiéndote en la armonía de lo que estás escuchando. En efecto, tu cerebro todavía está funcionando, por lo que es posible que no se sienta tan renovado. Lo mejor es intentar meditar en silencio. El silencio puede parecer intimidante al principio. Sin embargo, una vez que te acostumbres a ello, te darás cuenta de que es muy útil para mantenerte fuera del enfoque y la concentración. Además, podrás alcanzar realmente el objetivo de la meditación: energizar tu corazón, mente y alma.

Diez minutos de estar quieto y no hacer nada puede parecer una pérdida de tiempo. De hecho, puede ser difícil evitar que tus pensamientos vaguen por diez minutos enteros. Sin embargo, una vez que entres en la meditación, te darás cuenta de que diez minutos podrían no ser suficientes para revitalizarte.

Cuando recién comienzas, medita por un corto período de tiempo. No intentes sentarte a través de meditaciones de una hora porque tu mente podría no tener el poder para ese nivel de concentración todavía. Tomar las cosas de forma lenta pero segura. Aumenta gradualmente la cantidad de tiempo que pasas en tu práctica de meditación a medida que te sientas más cómodo. A medida que la meditación se vuelve más importante en tu vida, podrás extender más fácilmente la duración de tu práctica. No apresures las cosas.

A medida que medites más y más, será más fácil para usted descubrir qué tipo de entorno se adapta mejor a tu práctica. No tengas miedo de explorar hasta que encuentres algo con lo que te sientas completamente cómodo.

Capítulo 3: Otros tipos de meditación

En el mundo moderno, nuestra idea de la meditación es sentarse en posición de loto con los ojos cerrados y la música Zen sonando de fondo. La mayoría de nosotros pensamos que la práctica meditativa es solo para practicantes dedicados de la Nueva Era que pasan años y años de compromiso con este tipo de estilo de vida. Sin embargo, nada puede estar más lejos de la verdad. Primero, hay otras formas en que una persona puede meditar. La meditación concentrativa no es la única opción disponible. En segundo lugar, tenga en cuenta que absolutamente cualquiera puede intentar entrar en esta práctica. Cualquiera puede obtener los beneficios de dedicar unos minutos de práctica meditativa regular.

Si bien la meditación concentrada es probablemente el tipo de meditación más popular que existe, hay otras formas de meditación que pueden adaptarse a tu personalidad y preferencias. Si no eres del tipo que se queda quieto y encuentra energía en la calma, entonces tal vez puedas probar estas otras formas de meditación para ayudarte a enfrentar el estilo de vida acelerado de la vida moderna. Los otros tipos de meditación que puedes explorar son la meditación a través del movimiento y la meditación a través de la expresión.

Aquí hay una mirada completa a las otras maneras en que puedes explorar la meditación.

Meditación a través del movimiento.

Hay personas que encuentran consuelo y calma cuando hacen ejercicio o se mueven. Para algunas personas, correr o bailar puede ser muy energizante. Si no estás acostumbrado a este tipo de actividades, puede ser difícil entender cómo pueden ser formas de meditación. Sin embargo, si eres del tipo que tiene dificultades para mantenerte quieto, entonces este tipo de meditación podría ser perfecto para ti.

En la meditación de movimientos, encontrarás paz al comprometer a todo tu cuerpo en movimientos repetitivos. Es muy relajante porque en lugar de asustarte o preocuparte cada vez que te sientas ansioso, puedes canalizar tu energía hacia tu cuerpo y el movimiento que estás haciendo. Es como si el enfoque que estás poniendo en el movimiento estuviera bloqueando pensamientos y emociones que puedan distraerte de tu estado meditativo.

Muchos entusiastas del ejercicio se sienten así con respecto a su deporte o actividad de elección. Los corredores dicen que sienten que correr despeja su cabeza. Les permite olvidar sus pensamientos y sentimientos y simplemente concentrarse en poner un pie delante del otro. Algunos bailarines dicen lo mismo sobre bailar también.

Quizás las mejores formas de movimiento meditativo son el yoga y las artes marciales. En estas dos actividades, la conexión entre la mente y el cuerpo es muy clara. Por ejemplo, en yoga, toda la energía del practicante se enfoca en lograr y mantener una postura en diferentes períodos de tiempo. En las artes marciales, se enfatiza la disciplina de seguir la práctica para ver la mejora en la forma en que una persona se mueve. En ambos casos, el énfasis es un foco mejorado para permitir que el cuerpo se mueva mejor. Además, ambas prácticas hacen hincapié en el compromiso a largo plazo para ver los resultados.

Si no te interesan demasiado las actividades físicas, no debes preocuparte. No es necesario que te comprometas con algo extenuante para entrar en la meditación de movimientos.

Existe una buena posibilidad de que ya estés relajado haciendo un movimiento corporal simple repetitivamente. Puede ser tan simple como caminar o mecerse en un lugar seguro. Si ya haces estas cosas, lo único que tienes que hacer es ser más consciente de ti mismo. Debes tratar de ser más consciente de lo que estás haciendo para entrar en un estado meditativo mientras te mueves. Incluso si te mueves repetidamente, no se considerará meditación si estás distraído o si tu mente se desvía constantemente a medida que te mueves.

Meditación a través de la autoexpresión.

Muchos de nosotros estamos estresados o ansiosos porque muchas de nuestras emociones y ansiedades negativas están reprimidas. Una forma de sentirse más relajado es liberarlos a través de la autoexpresión y las artes. Por lo general, implica perderse en el proceso de creación creativa. Una persona que utiliza la meditación expresiva podrá concentrarse fácilmente en liberar sus emociones mientras completa una tarea específica.

No tengas la impresión de que necesitas ser un artista de algún tipo para obtener los beneficios de este tipo de meditación. Se trata de aprender a expresarte creando algo. Además, no se trata de competir con lo que otros crean o cómo ganar dinero con tu creación. El punto de la meditación creativa es realmente solo meditación.

Esto es bueno para las personas que tienen mucho equipaje emocional pero necesitan una forma de liberación que no sea hablar. La belleza de este tipo de meditación es que le permite a una persona tomar algo negativo y llegar a algo positivo y hermoso. Se evita una cadena de reacción negativa. Dado que la energía negativa se transforma en algo bueno, una persona puede sentirse mucho más relajada.

La persona que crea a través de la meditación también se transforma en alguien empoderado. Él o ella ya no necesita sentirse como un esclavo de emociones o una víctima de acciones negativas. A través de la meditación expresiva, él o ella se convierte en un creador poderoso que tiene la capacidad de enfocar y transformar la negatividad en algo bueno.

La meditación a través de la autoexpresión es como una forma de liberación. Una vez que los pensamientos y emociones negativos son expulsados del cuerpo, la persona se vuelve más relajada y en control de su vida.

Conclusión

¡Gracias de nuevo por descargar este libro! Espero que este libro haya podido ayudarte a comprender y apreciar el valor de la meditación en nuestras vidas.

El siguiente paso es salir y comenzar a encontrar una práctica de meditación que se adapte a tu personalidad y preferencias. Cuando recién comienza, puede ser difícil encontrar el tipo de meditación que realmente le conviene. Sin embargo, una vez que la meditación se convierta en una parte central de tu vida, te resultará imposible imaginar una vida sin ella.

No tengas miedo de explorar. No tengas miedo de comprometerte. Una vez que tu práctica de meditación se vuelva más regular, seguramente cosecharás sus beneficios de la práctica. Te encontrarás viviendo una vida en armonía con el resto del mundo.

¡Gracias y buena suerte!

www.ingramcontent.com/pod-product-compliance
Lightning Source LLC
Chambersburg PA
CBHW072009070526
44583CB00015B/1403